AF357084

ARREST

DU CONSEIL D'ESTAT DU ROY,

Portant reglement ſur les differens
du dioceſe d'Alet.

EXTRAIT DES REGISTRES
du Conſeil d'Eſtat.

E ROY ESTANT EN SON CONSEIL, s'eſtant fait
repreſenter l'Arreſt de ſondit Conſeil du 15. ſeptembre 1665. par lequel, SUR ce qui auroit eſté repreſenté à ſa Majeſté eſtant en ſondit Conſeil, qu'il
y avoit different depuis longtemps entre le ſieur Eveſque
d'Alet & le Syndic du Clergé du dioceſe dudit Alet d'une
part, & les Gentilshommes dudit dioceſe d'autre, auſquels
ſe ſont joints quelques Reguliers : ledit ſieur Eveſque & les
Curez de ſon dioceſe ayant denié les ſacremens à aucuns deſdits Gentilshommes acauſe [a] des deſordres, injuſtices, &
ſcandales publics dans leſquels ils ont pretendu qu'ils ont
vêcu durant plus de vingt années, ſans que les prieres & exhortations qui leur ont eſté faites de ſe convertir ayent produit aucun fruit; & leſdits Gentilshommes ayant à l'occaſion
de ce créé de leur autorité privée un ſyndicat entr'eux pour
demander juſtice de ce qu'ils pretendent que non ſeulement
eux & leurs vaſſaux eſtoient privez ſans fondement ny raiſon
des ſacremens, mais auſſy de leurs droits [b] honorifiques : & de
ce que ledit ſieur Eveſque trouble les Auguſtins de Caudiez
& les Jacobins de Quillan, leur deffendant de confeſſer ſes
dioceſains. Et comme de part & d'autre il s'eſt fait & ſe fait
journellement ſur ce ſujet diverſes procedures tant au Parlement de Thoulouſe qu'au Conſeil de ſa Majeſté & ailleurs,
qu'il eſt important de terminer promptement pour empeſcher les mauvaiſes ſuittes qui en pourroient arriver; & ſa Majeſté ayant eſté informée que le 30. Aouſt dernier Mᵉ Vincent Ragot preſtre, Promoteur de l'egliſe & dioceſe d'Alet,
a ſigné un écrit par lequel il conſent pour le Syndic du Clergé dudit dioceſe, & pour ledit ſieur Eveſque entant qu'il y a,

A

Arreſt par lequel ſa
Majeſté evoque à ſa
perſonne la connoiſ-
ſance du different des
Parties & nomme des
Commiſſaires.

[a] *Voilà la vraye cauſe
du procés : M. d'Alet
& les Curez de ſon
dioceſe n'eſtant devenus
ennemis de cette nobleſſe
que pour leur avoir dit
la verité.*

[b] *On a eſté un tres longtemps ſans ſçavoir ce
que ces Mʳˢ entendoient
par ces droits honorifi-
ques, enfin ils les ont
reduit à deux chefs à la
ſepulture dans les egliſes,
& à peuvoir faire met-
tre des lytres au dedans
& au dehors des egliſes
des lieux où ils ſont ſei-
gneurs hauts juſticiers.
Mais il ne falloit pas
tant faire de bruit pour
cela, il ne falloit que
parler pour eſtre d'ac-
cord. Mʳ a'Alet n'a*

& peut avoir interest, que le procés pendant au Conseil entre ledit sieur Evesque, ledit Syndic dudit diocese d'Alet, & les Gentilshommes d'iceluy, y soit retenu & terminé par les Commissaires qui seroient nommez par sa Majesté; & qu'aussy un pareil acte auroit esté signé le 18. dudit mois d'aoust par le sieur du Vernet deputé des Gentilshômes dudit diocese d'Alet: SA MAJESTE' a evoqué à soy & à sa personne les differens pendans entre ledit sieur Evesque d'Alet & le syndic du Clergé dudit diocese d'Alet d'une part; les Gentilshommes d'iceluy, les Augustins de Caudiez, & les Jacobins de Quillan d'autre, circonstances & dependances, & ce faisant, avant faire droit aux parties, A ORDONNE' que quinzaine aprés la signification dudit Arrest, elles remettront respectivement és mains des sieurs de Vertamont & de Boucherat Conseillers ordinaires de sa Majesté en son Conseil d'estat, toutes les pieces & memoires dont ils pourront & voudront se servir pour appuyer leurs droits, pour en communiquer par lesdits sieurs de Vertamont & de Boucherat avec les sieurs Archevesque d'Arles, les Evesques de Chartres, de Mande, & de Mascon, & Abbez le Camus & de saint Michel, & donner ensuite conjointement leur avis à sa Majesté de ce qu'ils estimeront devoir estre fait, pour iceluy veu, estre par Elle pourveu sur lesdits differens, ainsi qu'il appartiendra par raison.

VEU aussi l'imprimé de la Requeste presentée au Parlement de Thoulouse par les Syndics & Archiprestres du Clergé au diocese d'Alet, a Disans que les Curez & Vicaires employez au service du diocese dans les paroisses souffrent de grandes persecutions de la part de quelques uns de leurs paroissiens, lesquels ayant esté exclus de l'usage des Sacremens pour n'avoir pas les dispositions convenables, se retirent en la Cour, & sur des plaintes supposées & informations faites à plaisir, obtiennent des decrets de son autorité contre les pauvres Curez & Vicaires, qui sont obligez d'abandonner leurs eglises sans service, & venir poursuivre des procés criminels à grands frais qui consomment tous leurs revenus, autrement on poursuit contr'eux des condannations par defaut, & en vertu d'icelles on saisit tout ce qu'ils ont & on les reduit à la mendicité, ce qui cause de grands scandales en tout le diocese, & autorise la desobeïssance des mauvais chrestiens, qui ne veulent point quitter leur peché, & neanmoins veulent forcer les confesseurs à leur donner l'absolution, en quoy ils trahiroient leur ministere & s'exposeroient à la dannation eternelle aussibien que leurs paroissiens impeni-

tens, qui usent de menaces en leur endroit les traittant comme leurs sujets, & viennent avec des actes accompagnez de
notaires pour les interpeller de leur donner l'absolution, ou
leur dire la cause de leur refus; dont l'un, sçavoir l'absolution, depend de la conscience & discretion des confesseurs, &
l'autre violeroit le secret essentiel de la confession; & prenant
des actes de refus par des notaires affidez, ils portent des
plaintes indeuës à la Cour, croyant de son autorité forcer
les confesseurs ou à leur donner l'absolution, ou à leur dire
les causes de refus, ce qui est absolument impossible. Et de
fait quelques uns des confesseurs decretez s'estant presentez,
la Cour n'a sceu qu'ordonner contr'eux, veu que s'agissant
d'un fait purement spirituel & sacramental, il n'y peut avoir
d'autre juge que le confesseur mesme, ou en tout cas son Superieur ecclesiastique, ne pouvant rendre compte à autre de
sa conduite sans encourir les censures de l'Eglise: ceque les
supplians desirent d'eviter pour l'honneur de l'Eglise, le repos des consciences, & l'interest des paroissiens, qui demeu-
rent sans assistances spirituelles pendant que leurs Pasteurs se
representent à la Cour pour satisfaire aux decrets, afin que
pour les dépens des defauts qu'on leve contr'eux sans consi-
derer la necessité indispensable de servir leurs eglises, sur tout
aux festes solennelles, on ne vienne à main armée enfoncer
leurs maisons presbyteralles, enlever leurs meubles, & mesme attenter sur leurs personnes, sans aucun respect du saint
caractere de prestrise; cequi decredite leur ministere & diffa-
me leurs personnes, ceux qui voyent ces violences & n'en
sçavent point la cause croyant avec quelque sujet que ce sont
des criminels. Et c'est ainsi qu'on persecute l'innocence des
pauvres Curez & Vicaires, quoyqu'ils n'ayent autre pensée
que de sanctifier leurs paroissiens par la fidelle dispensation
des choses saintes, n'exerçant autre severité envers eux que
celle que leur prescrivent les saints Decrets, [a] qui ne leur per-
mettent point d'absoudre ceux qui estant en peché mortel
n'en veulent point sortir, tels que sont les personnes qui ayant
injustement ravy les biens ou l'honneur du prochain, ne veulent le restituer; qui ne se veulent faire aucune violence pour
sortir de l'habitude du peché quand ils y croupissent depuis
longtemps; qui refusent de se reconcilier avec leurs ennemis,
ou sortir de l'occasion prochaine quand ils y sont engagez,
ne pouvant les confesseurs se departir de cette conduitte sans
blesser le sentiment unanime de toute l'Eglise, & specialement des Prelats de l'Eglise Gallicane, qui delibererent en
leur Assemblée generalle de l'année 1655. que le livre des

[a] *Cas pour lesquels on doit differer ou refu-ser l'absolution.* Voir l'éclaircissement som-maire, la Requeste cy-aprés du Promo-teur article 2. & la consultation des Do-cteurs 21. cas.

avis aux confeſſeurs de Saint Charles Borromée , où ces cas ſont contenus , fuſt imprimé aux dépens du Clergé , afin que quelque confeſſeur ne vint à errer par ignorance contre des maximes ſi neceſſaires à ſuivre. Que s'il y a des penitens qui croyent que leurs confeſſeurs pour s'y attacher meritent punition, ils devroient au moins reconnoiſtre que ce n'eſt pas un crime privilegié pour lequel ils puiſſent les tra‑duire au tribunal ſeculier. Mais en tout cas, s'ils abuſent de la ſainteté de ces Regles , ou ſe ſervent mal des Ordonnan‑ces de leur Eveſque leur donnant un ſens contraire à ſon in‑tention , ils doivent les appeller devant leur Superieur eccle‑ſiaſtique , cequ'ils evitent pourtant malicieuſement de faire, parceque ſçachant que les Eccleſiaſtiques ne peuvent répon‑dre de ces matieres devant le tribunal ſeculier ſans encourir les anathemes & cenſures qui ſont portées contre ceux qui ſoumettent les Sacremens à ſon autorité, ils penſent que par ce moyen ils pourront faire condapner par defaut & ſous des pretextes controuvez ceux qu'ils ſçavent n'avoir pas la liber‑té de ſe venir deffendre , ou que s'ils ſe retirent à d'autres confeſſeurs, ils en pourront trouver qui ne ſeront pas ſi con‑ſtans, que l'apprehenſion de cette vexation ne faſſe condeſ‑cendre à les abſoudre dans l'eſtat dont ils ſe perſuadent vai‑nement ne pouvoir eſtre obligez de ſortir , ce qu'arrivant cauſeroit un tres grand ſcandale , & ſeroit cauſe que pluſieurs tenteroient à ſe ſouſtraire des veritables regles de l'Egliſe auſ‑quelles ils s'eſtoient ſoumis juſqu'alors, cequeles ſuppliants auroient repreſenté avec reſpect à la Cour, afin qu'il luy plai‑ſe faire reflexion ſur leur eſtat violent entre la perſecution & le triomphe des pecheurs, & la fidelité qu'ils doivent à Dieu & l'obeïſſance à leur Prelat, eſtant obligez ou à ſouffrir les inſultes qu'on leur fait , & deſquelles on rend complice la Juſtice; ou de prevariquer en leur miniſtere, diſſimuler les crimes publics, ſouffrir le ſcandale ſans oſer exercer la puiſſan‑ce ſpirituelle de laquelle ils ſont depoſitaires de la part de Dieu, ou la rigueur du Canon *Omnis utriuſque ſexus* , tiré du Concile de Latran contre ceux qui feront gloire de leur endurciſſement, ſi ce n'eſt qu'ils veuillent s'expoſer à autant de procés qu'il y aura de refractaires aux ordres de l'Egliſe, ou abandonner le ſoin des ames pour n'avoir le moyen de reſiſter à cette indüe perſecution. CE CONSIDERE', & qu'il ne ſeroit pas juſte que la contumace de quelques particuliers & leur mauvais exemple fuſt le ſujet de la vexation des Curez & de la deſertion des paroiſſes, au ſcandale de la religion & ruine des fidelles qui ſeroient privez de l'uſage des Sacremens pour n'avoir personne qui les administraſt, Ils auroient requis ladite Cour de Parlement de Thoulouſe de les maintenir en l'exercice libre de leurs fonctions ſelon leur côſcience, & procurer l'execution des ᴅecrets & Ordonnances de l'Egliſe, ſpecialement de celles qui obligent ſous peine de cenſures, ſans que pour raiſon de ce ils puiſſent eſtre recherchez devant les juges ſeculiers ny leur rendre compte de leur conduite en l'adminiſtration des Sacremens & fonctions curialles ; Ce faiſant, ordonner qu'il ſera ſurcis à tous les decrets laxez, par la Cour contre les Curez, Vicaires & Confeſſeurs pour raiſon du refus d'abſolution ou cenſures, renvoyer les parties devant leurs Superieurs eccleſiaſtiques pour eſtre par eux pourveu ſur les plaintes des paroiſſiens, avec inhibitions & deffenſes aux plaignans de quelque qualité qu'ils ſoient de recourrir ailleurs pour cequi regarde les Sacremens, faire informer contre leſdits Curez & Vicaires, & à tous huiſſiers & ſergens d'executer les decrets & les moleſter en leurs perſonnes & biens, & à tous notaires de leur faire des actes dans l'egliſe à peine de quatre mille livres d'amende & autre arbitraire. Ladite Requeſte non réponduë.

Un cahier imprimé contenant une Requeſte [a] de Mᵉ Vincent Ragot Preſtre, Promoteur de l'Egliſe & dioceſe d'Alet à l'aſſemblée generalle du Clergé de France, une lettre du Sieur Eveſque d'Alet eſcrite au Sieur Eveſque de Rodés nommé par ſa Majeſté à l'Archeveſché de Paris, du 26. Iuillet 1662. huit diverſes plaintes [b] contre le Sieur Eveſque d'Alet preſentées à ſa Majeſté, & les réponſes dudit Sieur d'Alet auſdites plaintes ; & un éclairciſſement ſur quelques faits calomnieux par leſquels les Sieurs de l'Eſtang & Rives ont pretendu noircir le Sieur Eveſque d'Alet, & refutation deſdits faits.

Acte de Syndicat de quelques gentilshommes du dioceſe d'Alet du 27. Iuillet 1663. par lequel acauſe de la vexation dont ledit Sieur Eveſque d'Alet par ſa conduite toute particuliere uſe journellement en leur endroit, ſoit par les difficultez qu'il fait naiſtre tant aux confeſſions qu'en pluſieurs autres manieres, [c] les vexant en leur temporel & droits honorifiques, comme auſſi la pluſpart du peuple de ſon dioceſe, qu'il a mis dans l'impoſſibilité de ſe deffendre contre luy par le moyen d'une evocation du Parlement de Thoulouſe à celuy de Grenoble : Ils declarent avoir eſté obligez d'en porter les ſuſdites plaintes à ſadite Majeſté. Et d'autant qu'il leur importe pour ſe liberer de la vexation, & mettre leurs conſciences en repos, de ſoutenir leſdites plaintes, en faire

[a] C'eſt la Requeſte qui avoit eſté dreſſée pour eſtre preſentée à l'aſſemblée generalle du Clergé contre les calōnies avancées par les Sieurs de l'Eſtang & Rives, mais comme ils deſavouerent depuis la production où eſtoient ces faits calomnieux, on ne la preſenta pas. Cette Requeſte & les piece qui ſont enſuite ont eſté imprimees avec le Factum.

[b] Ce ſont les plaintes qui furent preſentées au Roy de la part de la Nobleſſe ſindiquée par le R. P. François Annat.

Acte du ſyndicat deſdits gentilshommes qui eſt mis icy mot à mot.

[c] Ces MM. appellent eſtre vexez en leur temporel, quand on les oblige à reſtituer le bͤ a'autruy qu'ils ont pris, ou qu'ils retiennent injuſtement.

voir la juſtice, & pourſuivre la caſſation de ladite evocation, & faire contre ledit Sieur Eveſque & ſon Promoteur toutes les diligences poſſibles, requiſes & permiſes par les voyes de droit & de raiſon, font & conſtituënt huit deſdits gentils-hommes leurs Syndics, pour continuer à inſtruire ſa Majeſté & faire toutes pourſuittes raiſonnables pour les faits ſuſdits tant pardevant noſtre Saint Pere le Pape ſi beſoin eſt, que pardevant ſadite Majeſté & Noſſeigneurs de ſon Conſeil & autres Cours où il ſera neceſſaire aux fins ſuſdites des conteſtations & droits honorifiques contre ledit Sieur Eveſque d'Alet, ſon Promoteur, Curez, & autres dont il ſe ſert, avec pouvoir de commettre tels d'entr'eux qu'ils jugeront eſtre de beſoin, capable deſdites pourſuittes & ſouſtien de leurs plaintes & intereſts, pour ſe tranſporter és Cours & tous autres lieux où il pourra eſtre neceſſaire à l'effet deſdites pourſuittes, pour agir & deffendre ſuivant les inſtructions qui leur en ſeront données par leſdits Sieurs Syndics. Et d'autant que leſdits gentilshommes auroient appris que ledit Sieur Eveſque d'Alet vexe auſſi les peres [a] Auguſtins de Caudiez & Jacobins de Quillan, les troublant en la jouïſſance de leurs privileges, leur deffendant d'entendre la confeſſion de ſes dioceſains, & autres vexations qui reviennent juſqu'auſdits gentilshommes, ils donnent pareillement pouvoir auſdits Syndics de ſouſtenir en tout & par tout leſdits Religieux pour le ſouſtien de leurs privileges, & de leur fournir pour cet effet tout ce qui leur ſera beſoin, avec pouvoir auſdits Syndics d'emprunter au nom deſdits gentilshommes la ſomme de ſix mille livres.

Arreſt du Parlement de Thoulouſe du 5. Octobre 1663. rendu ſur la Requeſte preſentée par le Syndic du Clergé du dioceſe d'Alet, narrative que pour troubler le repos de l'Egliſe, & empeſcher les fruits ſpirituels que tous les fidelles reçoivent par les ſoins paternels de leur Eveſque, quelques Gentilshommes envieux de la protection & aſſiſtance qu'il rend à ſes dioceſains, & du ſoulagement qu'il leur a procuré contre ceux qui abuſoient de leur autorité à la foule du peuple, ont entre eux au nombre de dix ou douze, fait un pretendu ſyndicat ſans qu'ils ayent eu permiſſion de s'aſſembler ny de la Cour, ny du ſieur Gouverneur de la province; & au nom de ce pretendu Syndic par le miniſtere des notaires dependans d'eux & reſidans à leurs villages, vont ſolliciter les pauvres payſans, leur proteſtant que le temps eſt venu de ſecoüer le joug des Preſtres & Recteurs & d'en avoir de tels qu'ils voudront, & qu'ils n'ont qu'à dire ce qu'ils

sçavent de leurs Recteurs & Vicaires, & les vexent par menaces de les chasser de leurs terres s'ils ne deposent ce qu'ils
desirent, & enferment dans leurs chasteaux ceux qui refusent
de trahir leurs consciences & parler contre la verité, ce qui
tend à une revolte generale des parroissiens contre leurs Pasteurs, & à une desertion des cures par les Vicaires qui ne
sont pas en assurance de leurs vies, & sont exposez à la perse-
cution qu'on leur prepare par des voyes extraordinaires : jusques là que lorsque sur la publication des monitoires d'autorité de justice, les particuliers ont revelé devant leurs Vicaires ou Recteurs, on les oblige à desavoüer leurs revelations &
à changer leurs marques, pour avoir pretexte de diffamer les
Prestres, leur susciter des procés criminels, & les enlever
comme on a fait à d'autres. Et d'autant que par les ordonnances & edits les Ecclesiastiques sont sous la protection &
sauvegarde des Cours souveraines, ausquelles il est recommandé de les maintenir en la liberté de leurs fonctions, ledit
Syndic du Clergé du diocese d'Alet est obligé de reclamer
l'autorité de la justice de la Cour, & pourvoir à la sureté des
Prestres qui n'osent faire leurs justes plaintes, afin que par sa
pieté ordinaire elle etouffe en leur naissance des maux dont
les suittes seroient tres pernicieuses au service de Dieu & à
l'honneur de la religion ; & pour ce, demandent qu'inhibitions & deffenses soient faites audit pretendu Syndic de la
Noblesse de prendre cette qualité ny en faire aucune fonction, qu'il n'ait pour un prealable remis le pretendu syndicat devers le greffe de la Cour, & neanmoins faire inhibitions & deffenses tant à luy, qu'à tous autres qu'il appartiendra de quelque qualité qu'ils soient, de troubler les Recteurs & Vicaires en leurs fonctions, & à tous notaires de s'ingerer de faire des informations contre eux sans commission
expresse à peine de faux & de tous dépens dommages & interests ; neanmoins qu'il soit enquis par le premier magistrat
royal sur les lieux, des violences, subornations, intimidations,
excez pour faire deposer contre les Prestres, des excez commis contre eux ; pour les informations rapportées estre dit
droit aux parties ainsi que de raison, & cependant les mettre
sous la protection & sauvegarde de la Cour, avec inhibitions
& deffenses de rien faire ny attenter contre eux directement
ou indirectement, de paroles ou de fait, à peine de desobeïssance & dix mille livres d'amende ou autre arbitraire ; & autres fins de la requeste. Par lequel Arrest les parties auroient
esté renvoyées en jugement huitaine aprés la saint Martin,
pour aprés avoir esté qüies, ensemble le Procureur general

de sa Majesté, leur estre fait droit ainsi qu'il appartiendroit, & ordonné que cependant l'acte du pretendu syndicat desdits Gentilshommes seroit remis au greffe dudit Parlement, avec deffenses à toutes personnes de troubler les Curez & Vicaires & autres Ecclesiastiques dudit diocese dans les fonctions de leurs charges à peine de quatre mille livres d'amende, & à tous notaires de recevoir aucunes plaintes, ny informer contre lesdits Ecclesiastiques, à peine de nullité, & sur les peines portées par les ordonnances. Signification dudit Arrest faitte au sieur de Rennes l'un des Syndics du 23. octobre audit an 1663. avec assignation à luy donnée à comparoir à la huitaine aprés la saint Martin en consequence par le Sousviguier de la temporalité d'Alet. Declaration dudit Sousviguier faite audit sieur de Rennes le 25. desdits mois & an, que par mégarde il a mis dans la copie dudit Arrest qu'il luy a signifié qu'il luy donnoit assignation à la huitaine aprés la saint Martin, parcequ'il avoit eu seulement ordre de luy en faire une simple signification sans luy donner assignation.

Voir le Factum pag. 7.

Autre Arrest dudit Parlement de Thoulouse du 26. novembre 1663. sur la requeste presentée par les Syndics de la Noblesse dudit diocese d'Alet, contenant [a] que les Curez & Vicaires dudit diocese ayant depuis longtemps pris une conduite toute particuliere, & contraire à l'esprit universel de l'Eglise en la direction des consciences de leurs parroissiens & en l'administration des sacremens, se sont portez à un tel excés de rigueur contre les diocesains, que d'en mettre ou faire mettre une partie dans l'interdit, d'en priver une autre partie de la participation des sacremens de la sainte Eucharistie & de la penitence, & faire excommunier ensuitte ceux qui n'ont pas confessé au temps paschal : ce qui en a obligé plusieurs à se presenter aux confessionaux avec notaires & témoins pour faire voir qu'il ne tient pas à eux qu'ils ne rendent leurs devoirs à l'Eglise, de leur refuser sans sujet l'absolution durant longues années aprés avoir oüy leurs pechez, mesme pendant le temps du Jubilé universel de l'année 1661, de leur faire souffrir des penitences publiques pour des fautes legeres sans distinction de sexe ny de qualité, obligeant les uns à demeurer aux portes des eglises la torche allumée à la main pendant plusieurs dimanches consecutifs, les uns nuds pieds, les autres sans pourpoint, & les femmes la teste couverte d'un sac, & de demander publiquement pardon à toute la paroisse avec manifestation des cas les plus secrets & scandaleux ; de faire passer pour nulles, abusives, & sacrileges les confessions que lesdits diocesains font dedans ou dehors le diocese,

Requeste des Gentilshommes.

[a] *C'est celle qui est examinée article par article dans la 1. partie du Factum, 2 éclaircissement page 12. & suivantes : où on fait voir qu'elle n'est composée que d'un ramas de calomnies ou de faits malicieusement rapportez, pour rendre odieuses les plus saines regles de l'Eglise.*

Comme cette requeste contient toutes les plaintes des Gentilshommes & les raisons qui les ont portez à faire un si grand ⬛ contre leurs Pasteurs, il est important de la lire avec les reponses qui y ont esté faittes dans la premiere partie du Factum.

diocese, à des Reguliers quoyqu'approuvez, & de mulcter
par des amendes ceux qui ont esté à confesse dans les lieux
du voisinage lors des festes votives pour y gagner les indul-
gences; de faire deffense ausdits diocesains de donner l'aumosne aux Religieux Capucins, à peine de peché mortel; de
refuser les Sacremens à quelques moribonds, jusqu'à ce qu'ils
ayent renoncé aux pretensions legitimes qu'ils avoient ou
contre lesdits Curez ou Vicaires, ou contre certaines autres
personnes en vertu des arrests, jugemens ou sentences de jurisdiction ecclesiastique ou laïque; & se servent encore du
mesme refus d'ouïr les penitens qui sont en pleine santé ou
de les absoudre, s'ils ne leur donnent un pouvoir absolu de
disposer de leurs affaires temporelles, d'obliger quelquefois
les penitens à declarer hors la confession les crimes qu'ils ont
commis avec d'autres complices; de vouloir contraindre les
femmes à se separer de leurs maris de lit, d'habitation, &
d'interest, sans sujet legitime, au grand scandale de tout le
monde; de rejetter ignominieusement, mesmes le jour de
Pasques, divers paroissiens de la sainte table où ils s'é-
toient presentez aprés la confession, sans avoir egard ny à
leur caractere ny à leur qualité; d'abandonner entierement
certaines eglises du diocese, & d'y laisser mourir les habitans
sans secours spirituel & dans le desespoir de se voir privez de
tous les Sacremens; d'outrager plusieurs paroissiens qui se
presentoient à la sainte table, non seulement par des paroles
injurieuses, mais encore par des coups de points & de pieds,
& de mettre le feu à la maison d'un desdits paroissiens; de reveler bien souvent les confessions, & les pechez les plus secrets des penitens; de prescher en public & notamment sur
l'exposition de l'Evangile du demon muet, que ces revelations se doivent faire; & qu'il y a peché mortel de ne les faire pas, cequi donne occasion à plusieurs sacrileges; de refuser les Sacremens à certains beneficiers jusqu'à cequ'ils re-
noncent ou promettent de renoncer à leurs benefices en faveur de certaines personnes & sous certaines conditions qu'ils
leurs proposent; de deferer ouvertement au prosne les hommes, femmes & filles au grand scandale des peres & meres,
maris, femmes, freres & sœurs, & de tous les assistans à
ces diffamations; de diffamer aussy ausdits prosnes & aux
predications les Gentilshommes du diocese d'Alet, disant
qu'ils estoiët des seditieux, & des pendards, en presëce desdits
Gentilshommes & des parroissiens; les priver de leurs droits
honorifiques, entreprendre sur la justice temporelle, & priver les enfans des Gentilshommes âgez seulement de quatre

B

ans de la sepulture de leurs anceſtres. Et ce non ſeulement pour des cas graves, mais encore pour des cauſes tres legeres, & pour cela leur enjoindre des penitences publiques, comme pour avoir danſé en public & en particulier. Comme auſſy d'exercer tant de cruauté & de tyrannie en general & en particulier contre leſdits diocefains, que beaucoup de familles ont eſté obligées d'abandonner le diocefe, les uns s'eſtant retirez en Eſpagne, les autres à Thoulouſe & ailleurs, & qu'on a veu des hommes, qui par l'apprehenſion des rigoureuſes cenſures des Curez & Vicaires ſe jettant dans le deſeſpoir ſe ſont chaſtrez eux meſmes, & des femmes qui ſe ſont pendües, & des preſtres qui ſe ſont empoiſonnez. Leſquels deſordres ayant non ſeulement ſcandaliſé tout le diocefe d'Alet, mais encore tous les voiſins & les plus éloignez, les Nobles de ce diocefe qui dans la confiance qu'ils avoient en leurs Paſteurs avoient reſpectueuſement ſouffert cette diſcipline, & en ont enfin reconnu les mauvais effets & les ſuittes funeſtes, ont crû que tant pour leur propre intereſt, que pour celuy de leurs vaſſaux auſquels ils doivent protection, & ſingulierement pour la gloire de Dieu, pour le bien de l'Egliſe, & le repos de leurs conſciences, ils eſtoient obligez de s'oppoſer à cette mauvaiſe conduitte deſdits Curez & Vicaires, & de créer des Syndics pour s'aller plaindre à ſa Majeſté contre le Sieur Eveſque d'Alet en particulier, comme eſtant reſponſable de ceque les Eccleſiaſtiques de ſon diocefe preſchent, enſeignent, & pratiquent ſous ſon autorité pour la direction des conſciences & adminiſtration des Sacremens, & pour pourſuivre dans les voyes ordinaires de la juſtice leſdits Curez & Vicaires partout où il appartiendra. Et qu'au contraire leſdits Curez & Vicaires, ſous le nom d'un pretendu Syndic du Clergé du Diocefe d'Alet, ont preſenté une Requeſte audit Parlement, pour prevenir le deſſein deſdits gentilshommes, par laquelle Requeſte ils expoſent pluſieurs faits contre la verité & calomnieux, & obtenu ledit arreſt du cinq Octobre precedent. Mais d'autant que ladite requeſte dudit pretendu Syndic du Clergé eſt remplie de faits malicieux contre leſdits gentilshommes pour les decrediter envers leurs vaſſaux, & empeſcher que leſdits Curez & Vicaires, qui par une diſcipline pernicieuſe ſe ſont déja revoltez à ce point & portez à cet excés de felonie, que de perſecuter leurs Seigneurs, les aſſieger dans leurs chaſteaux, & les reduire à la neceſſité de demander ſecours au voiſinage ; que bien loin que leſdits gentilshommes puiſſent eſtre accuſez, comme ils ſont fauſſement, d'avoir contraint les payſans & les notaires de leurs terres à faire des revelatiõs ou declarations, & d'avoir retenu des actes contre des Ecclefiaftiques dudit diocefe, il fe trouve que la plus grande partie de ceux qui ont retenu lefdits actes & ont fait lefdites declarations & revelations, font des habitans des villes & villages de faint Paul, Caudiez, Quillan, Efparafan, & autres dependans de la feigneurie temporelle dudit Seigneur Evefque, ou du fieur Archevefque de Narbonne ou du domaine de fa Majefté; & que les auteurs de ladite requefte ont encore voulu arrefter le cours des juftes pourfuittes defdits Gentilshommes, & rompre l'union qui eft entr'eux & tous les autres Gentilshommes dudit diocefe, éluder les preuves, & empefcher les actes qui peuvent juftifier de leurs plaintes devant noftre Saint Pere le Pape, fa Majefté & ledit Parlement; & que lefdits Gentilshommes juftifient de leur pouvoir legitime par la remife de l'acte de leur fyndicat; & que la requefte dudit pretẽdu fyndic du Clergé eft defavoüée par Mrs François Julien Recteur de Quillan, & Jacques Molenat Recteur de Campoucy qui font les veritables fyndics dudit Clergé, par leurs declarations des 23. & 25. dudit mois d'Octobre dernier, & proteftent qu'elle a efté prefentée à leur infceu & fans leur aveu, & que le Sergent qui leur a donné affignation à la Cour en confequence dudit Arreft du cinquiéme dudit mois d'Octobre a reconnu s'eftre mépris & n'avoir eu ordre du fieur Ragot que de le fignifier fimplement, lefdits Gentilshommes auroient demandé fans avoir egard à la requefte dudit pretendu Syndic du Clergé, que les auteurs d'icelle fuffent condamnez à la reparation des calomnies y enoncées & en dix mille livres d'amende, avec deffenfes à tous Curez, Vicaires & autres Ecclefiaftiques dudit diocefe d'outrager & injurier lefdits Gentilshommes & leurs vaffaux, d'entreprendre fur leurs droits honorifiques & juftices temporelles, de continuer par cy-apres les vexations & perfecutions qu'ils ont jufqu'à prefent exercées contre les uns & les autres, & de tenir autre conduite envers eux, ny leur prefcher autre doctrine que celle qui eft approuvée & prefcrite par la fainte Eglife univerfelle, & que de tous les excés énoncez en ladite requefte il en feroit informé par le premier juge royal fur les lieux, pour les informations rapportées, eftre ordonné ce que de raifon. Par lequel Arreft auroit efté ordonné que les parties feroient affignées audit Parlement, pour, elles oüies & le Procureur general, leur eftre fait droit ainfi que de raifon. Signification dudit Arreft à la requefte des Syndics de la Nobleffe dudit diocefe du 6. Decembre

1663. à Mc Jean Ragot preftre & chanoine d'Alet, avec affignation à trois femaines audit Parlement.

Arreft du Confeil du 15. Janvier 1664. fur la requefte dudit fieur Evefque d'Alet tendante à ce que ledit Arreft du Parlement de Thouloufe du 23. Novembre 1663. & tout ce qui s'en eft enfuivi fuft caffé & annulé, & ledit fieur Ragot déchargé de l'affignation à luy donnée audit Parlement en confequence, avec deffenfe audit Parlement de Thouloufe de connoiftre des differens où ledit fieur Evefque, fes officiers & domeftiques, Curez & Ecclefiaftiques de luy approuvez auroient intereft, & que l'acte de fyndicat defdits Gentilshommes feroit caffé, & iceux condamnez en telle reparation que de raifon pour les faits contenus en leur requefte, fur laquelle eft intervenu ledit Arreft du Confeil, par lequel A ESTE ORDONNE', que les parties feroient affignées en iceluy fur les fins de ladite requefte, & cependant deffenfes de faire aucunes pourfuites audit Parlement de Thouloufe, à peine de nullité & caffation des procedures. Affignation donnée aufdits Gentilshommes le 1. Mars enfuivant audit Confeil en confequence dudit Arreft ; & la fignification d'iceluy au greffe dudit Parlement de Thouloufe le dixiéme defdits mois & an. ^a Requefte prefentée par ledit fieur Evefque d'Alet au Confeil & aux mefmes fins que la precedente, fur laquelle eft intervenu ledit Arreft, au bas de laquelle eft l'ordonnance du Confeil du vingt-quatriéme Mars enfuivant ; En jugeant fera fait droit, fignifiée lefdits jours & an. Requefte prefentée audit Confeil par ledit Syndic de la Nobleffe du diocefe d'Alet, tendante à ce que, fans avoir égard à la requefte dudit fieur Evefque d'Alet au nom & qualité qu'il procede du 24. Mars dernier, les fins & conclufions cy-devant prifes par ledit Syndic de la Nobleffe d'Alet luy foient adjugées, au bas de laquelle eft l'ordonnance, qu'en jugeant fera fait droit, & fignifié le dernier dudit mois de Mars.

Conclufions & demandes de Mre Vincent Ragot preftre, docteur en droit canonique, Promoteur de l'Eglife & diocefe d'Alet, tant pour luy que pour le Syndic du Clergé dudit diocefe, & ledit fieur Evefque d'Alet, entant qu'il y a & peut avoir intereft ; en execution & pour fatisfaire audit Arreft du Confeil du 15. Septembre 1665. par lequel fa Majefté evoque à foy & à fa perfonne le different des parties, & à ce que faifant droit fur ledit different, ledit fyndicat defdits Gentilshommes du 27. Juillet 1663. & tout ce qui a efté fait en confequence tant au Parlement de Thouloufe qu'ail-

Voir le Factum pag. 8.

a Cette requeffe eft ce qui a efté donné au public fous le nom de Recit abregé, & qui eft contenu dans les fix premieres pages du Factum.

Conclufions & demandes du fieur Promoteur d'Alet en la qualité qu'il procede devant fa Majefté & meffieurs les Commiffaires par elle deputez pour l'examen des differens.

I. Demande fur le different en general.
Voir le Factum fecond Ecclairciffement.

leurs, soit caſſé, & declarer les plaintes faites par leſdits Gentilshommes à ſa Majeſté contre ledit ſieur Eveſque & les Curez de ſon dioceſe calomnieuſes, les condamner en telles reparations que de droit, avec deffenſes de reſcidiver & de plus
troubler ledit ſieur Eveſque & leſdits Curez & Eccleſiaſtiques de ſon dioceſe dans leurs fonctions & miniſtere directement ou indirectement, ſous telles peines que ſa Majeſté avi-
ſera bon eſtre, & les renvoyer pardevant ledit ſieur Eveſque,
pour leur eſtre pourvû ſur leurs beſoins ſpirituels ſuivant les
regles de l'Egliſe, avec dépens, dommages & intereſts.

Que l'Arreſt du parlement de Grenoble du 11. Decembre
1664. qui confirme l'ordonnance du Seneſchal de Limoux
du 20. Septembre 1660. ſera executée ſelon ſa forme & teneur, avec deffenſes auſdits Gentilshommes & à tous autres
d'y contrevenir directement ou indirectement en quelque
maniere que ce puiſſe eſtre ; ce faiſant deboutter le ſieur
Marc Antoine de Mauleon de Nebias de l'oppoſition par luy
formée audit Arreſt tant comme Syndic de la Nobleſſe,
qu'au nom d'Alexandre Bernard pretendu ſyndic de la jeu-
neſſe du dioceſe d'Alet, & le condamner en ſon propre &
privé nom en telles reparations qu'il plaira à ſa Majeſté pour
la profanation & ſcandale par luy commis le jour & feſte de
S. Loüis 1664. & en tous dépens, dommages & intereſts
pour ce regard. Declarer le nommé Perdigau & autres habitans du lieu de Sournia non recevables en leur appel de la
ſentence du Seneſchal de Limoux du 23. Juin 1664. & qu'elle
ſera executée ſelon ſa forme & teneur, & ledit Perdigau
& conſors ſolidairement condamnez en tous dépens, dommages & intereſts pour ce regard.

Qu'à l'egard du Sr Henry du Vivier Sr de Raſiguiéres, dire
avoir eſté bien procedé par ledit Sr Eveſque d'Alet, mal appellé par ledit Sr du Vivier, & declarer n'y avoir point d'a-
bus dans la ſentence d'excommunication fulminée par ledit
Sr Eveſque contre le Sr de Raſiguiéres du 11. Septembre 1661.
ce faiſant caſſer & annuller les Arreſts du parlemēt de Thoulouſe des 8. Février, 8. Mars, 1. Avril, & 19. Juin 1662. & tout ce
qui a eſté fait en conſequence : declarer l'abſolution *à cautele*
donnée par le Vicaire general du Sr Archeveſque de Thoulouſe nulle & de nul effet, caſſer & annuller toutes les informations faittes enſuitte de ladite abſolution & du refus
d'y déferer, meſme tous les decrets decernez en conſequence
contre les Curez du Vivier & de Puy-laurens & autres ; renvoyer ledit Sr de Raſiguiéres devant ledit Sr Eveſque pour
luy eſtre pourvû ſuivant les regles de l'Egliſe, & le con-

B iij

II. Demande ſur la
ſanctification des feſ-
tes & dimanches, la
deffence des dances,
des cabarets, &c.
Voir le Factum, ſ.
Ecclairciſſement.

III. Demande qui
regarde l'appel du
ſieur de Raſiguiéres,
la caſſation des Arreſts
obtenus au Parlement
de Thoulouſe, des
informations & de-
crets rendus contre les
Curez de Puilaurens
& de Raſiguiéres, &
de la pretendüe abſo-
lution par luy obtenüe
du Vicaire general de
Thoulouſe. Voir le
Factum 3. Ecclairciſ-
ſement §. 1. 3. & 4.

damner en tous les dépens, dommages & interefts, tant envers ledit fieur Evefque que lefdits Curez.

Quant au fieur Blaife de Hautpoul fieur de Rennes declarer avoir efté par luy mal appellé, bien ordonné par ledit Sr Evefque, & n'y avoir abus dans le premier article de l'ordonnance de vifite du lieu de Rennes du 24. Aouft 1661. caffer & annuler l'ordonnance mife au pied d'une requefte prefentée au Parlement de Thouloufe par ledit fieur de Rennes le 21. Juillet 1661. comme contraire à l'inftitution du facrement de penitence, les Arrefts dudit Parlement des 13. Octobre & 23. Novembre 1661. & 4. Février 1662. informations faittes & decrets decernez enfuitte contre le fieur Granier Curé de Rennes, declarer nulle & de nul effet l'abfolution à Cautele par luy obtenüe du Vicaire general du fieur Archevefque de Thouloufe, le renvoyer devant ledit fieur Evefque pour luy eftre pourvû fuivant les regles de l'Eglife ; caffer & annuler l'Arreft dudit Parlement du 18. Avril 1665. ce faifant faire deffenfes au fieur Siau cy devant Curé de Rennes, & audit fieur de Rennes & tous autres, de troubler ledit Granier en la perception des fruits de ladite Cure de Rennes, & en tous les dépens, dommages & interefts, tant envers ledit fieur Evefque que ledit Granier.

A l'egard du fieur du Vila Pomenc, declarer y avoir abus dans la fentence rendüe par le Lieutenant en l'Officialité de Narbonne & procedure par luy faitte, caffer & annuler ladite fentence & tout ce qui s'en eft enfuivi : renvoyer ledit du Vila pardevant ledit fieur Evefque, pour luy eftre pourvû felon les regles de l'Eglife, & condamner ledit fieur Lieutenant en l'Officialité de Narbonne à la reftitution des vingt-quatre efcus d'épices par luy prifes, & tant luy que le fieur du Vila Pomenc folidairement en tous dépens, dommages & interefts envers ledit fieur Promoteur, & les Curez de la Serpent & de Roquetaillade.

Pour le fieur Luga caffer & annuler l'Arreft du Parlement de Thouloufe du 24. Mars 1662. & tout ce qui a efté fait en confequence ; declarer n'y avoir abus dans les ordonnances des 20. 21. Janvier 1653. & 11. Aouft 1661. caffer & annuler la plainte & information faittes contre les fieurs Rameau & Gaichet Curez de S. Paul, decrets & toute la procedure faitte en confequence, condamner ledit Luga en tous dépens, dommages & interefts, tant envers ledit fieur Evefque d'Alet que Rameau & Gaichet, & au furplus le renvoyer pardevant ledit fieur Evefque d'Alet pour luy eftre pourvû fur les befoins de fa confcience fuivant les regles de l'Eglife.

A l'égard du sieur Julien Curé de Quillan, declarer en la
la sentence de l'Official d'Alet du 1. Septembre 1664. n'y
avoir abus, renvoyer ledit Curé devant ledit sieur Evesque
pour luy estre pourvû suivant les saints canons ; ordonner
que la sentence du Seneschal de Limoux du 29 Octobre 1663.
sera executée selon sa forme & teneur ; enjoindre audit Julien de tenir le nombre des Prestres qu'il est obligé pour le
service des eglises de Quillan, Gignolles, & Belbianes ses
annexes, autrement qu'il sera permis au Promoteur d'en presenter à cet effet audit sieur Evesque ; ordonner que les fruits
de la Cure seront tous specialement affectez pour le payement de leur retribution selon la taxe qui en sera faitte par
ledit sieur Evesque, & qu'ils ne pourront estre deplacez
avant ledit payement, & ledit Julien condamné en tous les
dépens dommages & interests soufferts & à souffrir. Et pour
la rebellion faitte à l'Arrest du 13. Octobre 1665. & scandale
arrivé dans laditte eglise de Quillan le jour de Pasques audit
an ; condamner les denommez aux informations sur ce faittes en telle reparation que de raison & aux dépens.

VII. Demande qui re-
garde les differens du
sieur Iulien touchant
le service de ses Egli-
ses, à une sentence de
l'Official d'Alet qui le
declare suspens & ir-
regulier. Voyez le Fa-
ctum, 4. Eclaircisse-
ment.

Pour ce qui regarde le Frere Hilarion Lavaur prieur du
convent de Caudiez, declarer la sentence donnée par le
Sieur Evesque de Vabres le 8. Juillet 1664 & toute sa procedure nulle & abusive, contre les Canons, Concordats &
Libertez de l'Eglise Gallicane, avec deffenses audit Frere
Hilarion Lavaur & à tous autres dudit convent de prescher
& confesser audit diocese d'Alet sans avoir obtenu l'approbation dudit Sieur Evesque d'Alet, à peine d'estre procedé
contr'eux suivant la rigueur du droit, & ledit Frere Hilarion
Lavaur renvoyé devant l'Official dudit Alet pour luy estre
son procés fait & parfait, & luy estre ordóné telle reparation
que de raison pour la predication scandaleuse & seditieuse
par luy faite le dimanche 15. Octobre 1663. & condanner lesdits Augustins de Caudiez en tous dépens, dommages &
interests, pour lesquels seront tenus lesdits gentilshommes
selon leur syndicat.

VIII. Demande qui
regarde le differend
des Augustins de Cau-
diez, comme il est rap-
porté au Factum, 6.
Eclaircissement.

Pour cequi regarde lesdits Capucins de Limoux, Chalabre & autres convents hors dudit diocese, leur faire inhibitions & deffenses de quester dans l'étenduë dudit diocese
sans la permission dudit Sieur Evesque ou de ses Vicaires generaux, sous peine d'estre procedé contr'eux par l'Official
d'Alet comme vagabons suivant le Concile de Trente.

Et enfin, attendu le grand nombre de parens que lesdits
gentilshommes ont audit Parlement de Thouloufe ainsi qu'il
est justifié au procés, & que ledit Sieur Evesque d'Alet & ses

IX. Demande qui re-
garde la pretention
des Capucins & autres
Religieux forains de
quester dans le diocese
d'Alet malgré M. l'E-
vesque. Voyez le §. 8.
du 6. Eclaircissement
du Factum.
X Demande de l'evo-
cation generale atten-
du le nombre des pa-
rens & le support

Officiers y peuvent moins efperer de juftice que jamais a caufe de ce procés & de fes fuittes, qu'il plaife à fa Majefté evoquer à fa perfonne tous les procés & differens, civils & criminels que ledit Sieur Evefque d'Alet, fes Vicaires generaux, &
autres Ecclefiaftiques de luy approuvez, & Officiers employez dans ledit diocefe ont ou pourront avoir cy-aprés, &
aufquels ils auront intereft tant en demandant qu'en deffendant audit Parlement de Thoulouze, & iceux renvoyer avec
leurs circonftances & dependances en telle autre Cour fou-
veraine du Royaume qu'il luy plaira, avec attribution à
cet effet de toute cour, jurifdiction & connoiffance; & lefdits gentilshommes condannez en tous les defpens.

Requefte dudit Sieur Promoteur au nom dudit Syndic du
Clergé du diocefe d'Alet, tendante à cequ'en jugeant l'Inftance, il plaife à fa Majefté ordonner, que cas avenant qu'il
foit jugé neceffaire de conftruire audit diocefe de nouvelles
eglifes, ou aggrandir les anciennes, & que ladite conftruction en ait efté ordonnée par ledit Sieur Evefque, lefdits
gentilshommes & feigneurs fonciers feront tenus de donner
place, ce faifant, que lefdits fieurs de Rafiguieres & de Conf-
tauffa bailleront les places neceffaires pour la conftruction
d'une eglife en la paroiffe de Buellac & Roquefort, & une autre
en celle du Vivier, à quoy faire ils feront contraints par toute voye; au bas de laquelle Requefte eft l'ordonnance, En
jugeant fera fait droict, & foit fignifié, du 14. May 1666. fignifié le 15. defdits mois & an.

Autre Requefte dudit Sieur Promoteur de l'Eglife & diocefe d'Alet, contenant qu'un des differens qu'il a plû à fa
Majefté d'evoquer à fa perfonne par fon Arreft du 15. Septembre dernier entre ledit Sieur Evefque d'Alet, le Syndic
de fon Clergé, ledit Sieur Promoteut, & quelques gentilshommes dudit diocefe, eft celuy qu'il a avec le fieur François
d'Ifarn du Vila Pomenc, dont le fujet eft que ledit fieur du
Vila demeurant depuis plufieurs années en eftat de peché,
& ne voulant point en fortir ny reparer le mal par luy fait, il
pretendit que fon Curé luy avoit refufé l'abfolution; mais au
lieu de fe mettre en eftat de la recevoir, il fe contenta pendant
quelques années de faire trois fommations à fon Curé avec
un notaire & deux témoins, à ce qu'il euft à l'abfoudre. Ce
Curé embaraffé de ces actes de notaires aufquels il ne fçavoit
que répondre, ayant peur de rien faire contre fon devoir
& de fe méprendre, enfin quelque temps aprés Pafques de
l'année 1661. pouffé de zele pour l'injure faite à Dieu & à
l'Eglife par ce gentilhomme, luy interdifit l'entrée de l'eglife
en vertu

en vertu du Canon, *Omnis utriusque sexus*, qu'il avoit publié deux ou trois fois pendant le Caresme selon l'ordre du diocese d'Alet, ledit sieur du Vila porta ses plaintes audit Sieur Evesque d'Alet de cette declaration d'interdit, lequel ayant oüy les parties, jugea que cet interdit avoit esté declaré contre les formes, & renvoya ledit du Vila à deux Curez voisins qu'il agrea, pour se côfesser auquel des deux il voudroit, pour satisfaire à son devoir pascal dans la quinzaine, à peine de l'interdit porté par ledit Canon qu'il encoureroit sans autre declaration. Ledit sieur du Vila s'estant presenté à l'un & à l'autre de ces deux Curez il pretendit qu'on luy avoit refusé l'absolution, dont il prit acte à son ordinaire devant un notaire & deux témoins. Les Curez ayant répondu à cet acte qu'ils avoient fait leur devoir, il les fit assigner devant l'Official, pour se voir condanner à dire les causes pour lesquelles ils luy avoient refusé l'absolution, leur donnant la liberté de ce faire & de reveler sa confession. S'estant presentez à l'Official, ils dirent que mal à propos on les avoit fait assigner pour rendre compte de cequ'ils avoient fait dans le tribunal de la penitence, qu'ils avoient agy comme ils avoient crû devoir faire en conscience, & qu'ils n'en devoient rendre compte qu'à Dieu seul, representerent la mauvaise consequence de cette assignation dans un fait de cette nature, & demanderent d'en estre déchargez. Ledit sieur du Vila insistant au contraire, ledit Official par sa sentence le deboutta de sa Requeste avec dépens. Il appella de cette sentence à l'Official Metropolitain de Narbonne, & il y fit assigner non seulement ces deux Curez, mais encore ledit Sieur Promoteur, parce qu'il avoit conclud contre luy, n'ayant eu autre part en cette affaire : & ledit Official Metropolitain par sa sentence du 11. Septembre 1662. dît avoir esté mal jugé par l'Official d'Alet, bien appellé par ledit du Vila, & en la cause retenüe reformant, declarâ ledit sieur du Vila n'avoir point encouru l'interdit porté par la sentence dudit Sieur Evesque d'Alet du 22. Septembre 1661. & permit audit du Vila afin de satisfaire à son devoir Pascal, de se presenter dans huitaine à tel confesseur que bon luy sembleroit de la ville de Narbonne ou du diocese, approuvé par ledit Sieur Archevesque de Narbonne ou ses Vicaires generaux, à l'effet de se confesser à luy, & en prendre certificat comme il a esté confessé & absous, à peine d'interdit, & ensuitte se presenter au Recteur ou Vicaire de l'Eglise paroissiale de S. Sernin du lieu de Bourriege en qualité de son paroissien, pour recevoir de luy le sacrement de l'Eucharistie, enjoignant audit Recteur ou Vicaire de le luy adminiſtrer à peine d'excommunication, & auroit deplus condanné leſdits deux Curez voiſins de la Serpent & de Roquetaillade & ledit Sieur Promoteur aux épices taxées vingtquatre eſcus. De cette ſentence ledit Sieur Promoteur en auroit relevé appel à Rome adreſſé aux Sieurs Eveſques de Pamiez, Mirepoix, & Conſerans, pardevant leſquels il auroit fait aſſigner ledit Sieur Archeveſque de Narbonne en la perſonne de ſon Promoteur, comme s'agiſſant d'une entrepriſe de juriſdiction ſur les ſuffragans (le Metropolitain ne pouvant auplus ſelon le droit, qu'exhorter) & le ſieur de Vilars Lieutenant en ladite Officialité de Narbonne qui avoit donné ladite ſentence, qu'il avoit pris à partie acauſe de ladite entrepriſe & de la concuſſion; leſquels ayant appellé de la Commiſſion avec ledit du Vila, l'affaire auroit eſté du depuis portée à Alby, puis à Rieux, où elle ſeroit demeurée indeciſe & le procés rapporté au Conſeil acauſe du ſudit Arreſt. Et pour donner lieu à ſa Majeſté de prononcer ſur le tout ſuivant ſon intention, ledit Sieur Promoteur auroit demandé eſtre receu appellant comme d'abus de ladite ſentence du 11. Septembre 1662. & de toute la procedure faite par ledit Official Metropolitain, ledit abus fondé ſur cinq moyens, dont le premier eſt pris de ceque cette ſentence eſt manifeſtement contre l'ordre judiciel, où il ne s'agiſſoit que de ſçavoir ſi ces deux Curez devoient eſtre condannez à dire les cauſes de refus qu'ils avoient fait au Sieur du Vila de l'abſolution. L'Official d'Alet avoit dit que non. On en avoit appellé. Il falloit donc en diſant, mal jugé, les condanner à dire ces cauſes de refus, & non pas prononcer ſur cequi n'eſtoit pas en queſtion & n'eſtoit pas requis; cequi eſt un vray abus contre les loix du Royaume, & marque l'affectation dudit ſieur de Vilars à entreprendre ſur la juriſdiction du ſuffragant. Le ſecond, de ceque par cette ſentence & par toute la procedure, ledit de Vilars a ſoumis les confeſſeurs à la juſtice des hommes pour cequi regarde l'abſolution, cequi eſt un tres grand abus contre l'inſtitution du Sacrement de penitence, de l'adminiſtration duquel le Preſtre ne doit rendre compte qu'à Dieu ſeul, aucun juge ſur la terre n'eſtant competant pour juger de cequi s'eſt paſſé au fort interieur de la penitence, entre le confeſſeur & le penitent: cequi fait que cette matiere ne peut eſtre ſujette à la juſtice contentieuſe. Le troiſiéme, de ceque le procedé dudit du Vila eſtant plein d'irreligion, & contraire à l'inſtitution du Sacrement de penitence, ledit ſieur de Vilars l'a autoriſé par cette ſentence. Le quatriéme, de ceque ledit de Vilars Official a entrepris

1. Moyen d'abus.

2. Moyen d'abus.

3. Moyen d'abus.

4 Moyen d'abus.

contre les Canons ſur la juriſdiction des Eveſques ſuffragans, en donnant pouvoir au ſieur du Vila de ſe confeſſer dans l'Archeveſché de Narbonne à des Preſtres approuvez par ledit Sieur Archeveſque pour ſatisfaire à ſon devoir Paſcal ; ce qui eſt formellement contre les Canons, & inoüy juſqu'à preſent dans l'Egliſe, & va à la deſtruction de la diſcipline eccleſiaſtique & meſme de la Hierarchie , les Archeveſques n'ayant de pouvoir ſur les diocéſains de leurs ſuffragans qu'autant qu'il leur en eſt donné par les Canons , qui ne leur en donnent aucun en cette matiere, parcequ'ils ne ſont Paſteurs que de leurs propres diocéſains & non de ceux des ſuffragans ; & l'abus eſt d'autant plus grand, que quand meſme il ſeroit vray que l'Archeveſque auroit ce pouvoir, cequi n'eſt pas , ledit de Vilars en qualité d'official ne l'a pas, qu'ainſi il eſt coupable de la prophanation ſacrilege d'un ſacrement. ENFIN, LE DERNIER MOYEN eſt que le ſieur de Vilars auroit pris pour les épices de ce procés vingt-quatre eſcus, & y auroit condanné les deux Curez pour avoir fait leur devoir , & le ſuppliant qui n'avoit fait autre choſe que de donner ſes concluſions ; cequi eſt un double abus. 1° en ce qu'il a exigé cette ſomme exorbitante pour un procés qui ne ſeroit pas taxé dans un Parlement plus de ſix ou huit eſcus. 2° qu'il y a condanné des perſonnes qu'on n'avoit pû prendre à partie, cequi eſt une concuſſion manifeſte. Suppliant à ces cauſes ſa Majeſté qu'en le recevant appellant comme d'abus de ladite ſentence & entiere procedure, il luy plûſt ordonner que les parties procederoient ſur iceluy conformement audit Arreſt du Conſeil. Au bas de laquelle Requeſte eſt l'Ordonnance, en jugeant ſera fait droit, joint à l'inſtance principale, & ſoit ſignifié, du 10. Fevrier 1666.

Autre Requeſte dudit Sieur Promoteur d'Alet, contenant qu'entre les differens que ſa Majeſté a evoqué à ſa perſonne par Arreſt de ſon Conſeil d'Eſtat du 15 Septembre dernier, pour auſquels faire droict, ſa Majeſté a ordonné par ledit Arreſt, que quinzaine aprés la ſignification d'iceluy, les parties remettroient reſpectivement és mains des Commiſſaires nommez par ledit Arreſt, toutes les pieces & memoires dont elles voudront & pourront ſe ſervir pour appuyer leur droit, pour en communiquer par leſdits Sieurs Commiſſaires avec les Sieurs Archeveſque d'Arles, les Eveſques de Chartres, de Mande, & de Maſcon, & les Abbez le Camus & de S. Michel, & donner à ſa Majeſté conjointement leurs avis de cequ'ils eſtimeront devoir eſtre fait, pour iceux veus eſtre pourveu ſur leſdits differens ainſi qu'il appartiendra par rai-

---

Marginal notes:

5. Moyen d'abus.

Requeſte du Promoteur en appel comme d'abus de la Sentence de M. l'Eveſque de Vabres , par laquelle contre les Canons & les loix du Royaume eſtant éloigné de plus de trois journées , & ſans qu'il y euſt grief ny lieu à l'appel , il a approuvé certains reguliers Hermites de S. Auguſtin pour preſcher & confeſſer dans le dioceſe d'Alet. Le fait eſt rapporté au long dans cette Requeſte avec les moyens d'abus. Voyez le Factum

6. Eclaircissement, & la confultation des Docteurs 25. & 26. cas.

fon. Celuy que le Suppliant a avec les Hermites du convent de S. Auguftin de Caudiez audit diocefe, compris expreffément dans ledit Arreft, eft un des principaux & des plus importans, dont le fujet eft, que le Sieur Evefque d'Alet s'eftant crû obligé pour ne pas trahir fon miniftere & prendre le foin qu'il devoit des ames que Dieu a foûmifes à fa conduitte, de refufer toute approbation au Prieur du convent defdits Auguftins de Caudiez, & à deux de fes Religieux qui compofent la communauté de ce monaftere, lefquels n'avoient pas voulu fe foûmettre à ceque le Pape avoit decidé fur la conteftation des Reguliers d'Angers, ces Religieux fe lafferent d'eftre dans un eftat fi conforme à leur vocation, & qui leur donnoit moyen de vaquer à eux méfmes & à leur propre fanctification. Car le Frere Hilarion Lavaur ayant efté fait Prieur de ce petit convent en 1662. au lieu de fuivre l'exemple de fon predeceffeur qui avoit paffé fes trois ans en paix, il prit occafion d'un paffage que ledit Sieur Evefque d'Alet faifoit par Caudiez pour luy demander par acte avec un Notaire & deux témoins, la permiffion de prefcher & de confeffer pour luy, & celle de confeffer pour les Freres Neblon & de Vaux, gens tout à fait ignorans, & d'un vie fcandaleufe. Le Sieur Evefque d'Alet fut furpris de l'entreprife de ces Reguliers, & neanmoins il leur répondit feulement qu'il falloit qu'il les examinaft, & que cét examen fe devoit faire en fa congregation. Mais ce Religieux qui ne s'eftoit pas fi fort avancé pour reculer, repliqua par cét acte qu'il prenoit cette réponfe pour refus, & que luy & fes deux Religieux pafferoient outre & prefcheroient & confefferoient felon le pouvoir qu'ils en avoient par les privileges apoftoliques, & par les Conciles. En effet ce Frere Hilarion fit fçavoir par tout qu'il alloit prefcher ; & quoyque ledit Promoteur luy euft fait fignifier l'Ordonnance fynodalle qui deffend à tous Preftres, Seculiers & Reguliers de faire cette fonction fans en avoir obtenu approbation, à peine de fufpenfe, il ne laiffa pas de monter en chaire le dimanche fuivant, qui eftoit le 15. Octobre de ladite année 1662 & de faire une predication tout à fait fcandaleufe par plufieurs erreurs qu'il y avança, & par les injures qu'il profera contre l'ordre facré des Evefques. Ledit Promoteur en ayant efté averty en fit informer ; & ce Religieux à qui la confcience reprochoit cét excés l'ayant fceu, au lieu de s'humilier, fe perfuadant qu'on auroit decreté contre luy, en auroit interjetté appel à Rome, *omiffo medio*, contre la difpofition du Concordat, d'où il auroit rapporté un Bref delegatoire, adreffé aux Sieurs Evefques d'Alby, de Lavaur & de

Vabres. De ces trois Prelats le frere Hilarion Lavaur choifit ce dernier, quoy qu'éloigné d'Alet de plus de trois journées, d'une autre Province ecclefiaftique , & hors le Gouvernement de Languedoc ; lequel Sieur Evefque de Vabres commença fa procedure en ordonnant fur une Requefte que le frere Hilarion luy prefenta, la remife de la procedure dont eftoit appel , avant que d'avoir fait citer ledit Promoteur pour venir voir reprefenter le Refcrit, & fans fçavoir s'il y avoit en effet une procedure : & de deffendre à peine d'excommunication *ipfo fatto*, de rien attenter contre le frere Hilarion Lavaur , avant qu'il euft efté reconnu Juge. Mais s'eftant apperceu qu'il s'eftoit mépris, il decerna des Lettres en datte du 13. Avril 1663. fignifiées longtemps depuis la fignification de la premiere ordonnance, par lefquelles il ordonnoit non feulement que ledit Sieur Promoteur feroit affigné, mais encore le Sieur Evefque d'Alet & fon Official, pour voir reprefenter le Refcrit portant fa commiffion, quoy que ce Refcrit n'en dift pas un mot. Le Promoteur envoya à Vabres pour fe prefenter & infifter aux fins de non-proceder & de non-recevoir. Mais celuy qui eftoit allé pour fe prefenter, n'ayant trouvé perfonne à Vabres, aprés avoir pris acte de fa prefentation au Greffe, s'en alla à Thouloufe, où fon confeil ayant jugé toute cette procedure abufive & pleine de vexation, il fe declara appellant au nom dudit Promoteur de l'acceptation que ledit Sieur Evefque de Vabres avoit fait de ce Refcrit. Le Sieur Evefque d'Alet qui vouloit ramener ce Religieux à fon devoir par la douceur & la patiencè, quoy qu'inutilement, empefcha qu'on ne relevaft cét appel en Cour de Rome ; de forteque les quatre mois paffez, le frere Hilarion Lavaur fe pourvut derechef devant ledit Sieur Evefque de Vabres ; & ce Prelat rendit Sentence le 2. Avril 1664. par laquelle il declara non defaillant, mais contumax ledit Promoteur, en peine dequoy il le fufpendit de l'entrée de l'eglife jufqu'à cequ'il eût remis les procedures dont eftoit queftion en fon greffe ; approuva par provifion pour les predications & confeffions dans le diocefe d'Alet ledit frere Lavaur, & permit aux freres Neblon & de Vaux de fe prefenter pour eftre approuvez, devant tel Evefque qu'ils voudroient, fi mieux ils n'aimoient fe prefenter devant luy ; & condanna ledit Sieur Promoteur en la fomme de cinquante-cinq livres pour les frais du rapport & actes judiciaires. Quoyque cette Sentence fuft nulle & abufive en tous fes chefs, ledit Promoteur ne laiffa pas neanmoins de faire faire une copie en forme de cette information non decretée, compofée de la depofition de quatre témoins, & l'ayant fait remettre en mains propres audit Sieur Evefque de Vabres, il luy demanda la levée de cette pretendüe fufpenfe, cequ'il accorda par fon ordonnance du 14. Avril enfuivant. Mais dix jours aprés le frere Hilarion Lavaur luy ayant dit qu'il falloit avoir les originaux, contre l'ordre de fa Province & le reglement du Clergé, il donna une autre ordonnance par laquelle il fufpendit pour une deuxiéme fois ledit Promoteur de l'entrée de l'eglife, jufqu'à cequ'il euft remis les originaux, quoyqu'il euft veu par l'extrait qui luy en avoit efté remis que ledit Promoteur ne les avoit pas en fon pouvoir, & qu'ils eftoient au greffe de l'Officialité d'Alet. Enfin ledit Sieur Evefque ayant étably fon tribunal à Thouloufe, le Promoteur infifta devant luy aux fins de non-proceder & à celles de non-recevoir, fur les raifons cy-aprés deduites ; & par maniere d'éclairciffement, luy fit voir qu'il n'avoit pû approuver ces Religieux ; premierement parceque les freres Neblon & de Vaux n'eftoient ny nommez ny compris dans le Refcrit; fecondement que ce Refcrit ne luy donnoit point ce pouvoir, n'y en eftant pas dit un feul mot, & que l'approbation eftant une action libre de l'Evefque, il en ufoit comme il jugeoit à propos pour le bien de fes diocefains, perfonne ne pouvant s'ingerer dans les fonctions facrées fans en avoir obtenu de luy le pouvoir, cequ'il appuya tres fortement par l'autorité des Canons, des Decrets & Bulles des Papes. Au prejudice dequoy ledit Sieur Evefque de Vabres par la Sentence diffinitive qu'il rendit le 8. Juillet 1664. auroit declaré avoir efté bien appellé, mal jugé, & reformant, auroit relaxé ledit Lavaur des fins & conclufions contre luy prifes par ledit Promoteur, & auroit ordonné que la Sentence par luy rendüe le 2. Avril precedant fortiroit diffinitivement à effet, & ce faifant auroit approuvé pour les predications & confeffions dans le diocefe d'Alet ledit frere Lavaur, faifant inhibitions & deffenfes audit Promoteur & autres que befoin fera de à ce luy donner aucun trouble ny empefchement à peine d'excommunication *ipfo facto*. Et à l'égard des freres Neblon & de Vaux, leur auroit permis de fe prefenter devant tel des Evefques de la Province que bon leur fembleroit, pour en obtenir femblable approbation fi fait n'a efté, ou fi mieux ils n'aiment à ces fins fe prefenter devant luy mefme, fans neanmoins tirer à confequence pour les autres Religieux à l'avenir. Comme auffi auroit permis aufdits Religieux de quefter, dans l'étendüe dudit diocefe d'Alet, & auroit condamné ledit Promoteur aux dépens moderez à trois cent livres, & à trente escus d'épices. De laquelle Sentence & de toute la procedure faite par ledit Sieur Evesque de Vabres, ledit Promoteur pour eviter toutes les fins de non-recevoir qui pourroient estre alleguées de la part desdits Augustins, & donner moyen à sa Majesté de terminer promtement lesdits differens qui troublent la paix & les consciences de ceux dudit diocese, auroit appellé à sa Majesté, comme defait il appelle comme d'abus, sur les moyens suivans, qu'il reduit à sept. Le premier est pris de l'acceptation que ledit Sieur Evesque de Vabres a faitte de ladite commission, estant éloigné de plus de trois journées du diocese d'Alet, *extra duas legales diœtas*, contre les Canons, les libertez de l'Eglise Gallicane, & les loix & ordonnances du Royaume ; & le mauvais usage qu'il a fait de ce Rescrit, en faisant citer ledit Sieur d'Alet & son Official contre les termes du mesme rescrit, où ledit Promoteur estoit seul partie. Le second de ceque ledit Sieur Evesque de Vabres contre les Canons & les Loix du Royaume n'a pas deferé aux fins de non-proceder qu'on luy a alleguées fondées sur la nullité de sa commission, 1° par deffaut de matiere, parce qu'elle supposoit qu'il falloit juger de la justice ou de l'injustice d'une Sentence diffinitive, & il n'y a pas mesme eu d'assignation ny d'instance. 2° Par la fausseté de l'exposé, le frere Hilarion Lavaur n'ayant obtenu ce Rescrit que sur cette fausseté substancielle & malicieusement avancée, que l'Official d'Alet avoit rendu contre luy une Sentence diffinitive qui le condannoit à quelques peines pour avoir contrevenu aux deffenses qui luy avoient esté faittes de prescher & de quester. Car il y a en cela un double mensonge; l'un qu'on luy ait fait aucunes deffenses de quester ; & l'autre, qu'on ait rendu aucune Sentence contre luy pour avoir presché : Or ces sortes de faussetez rendent les Rescrits nuls, & ostent tout droit à ceux qui les ont obtenus de s'en servir. Le troisie'me de ceque ledit Sieur Evesque de Vabres n'a pas deferé aux fins de non recevoir, 1° Sur ceque l'appel estoit frivolle & non recevable, declaré tel par le Concordat, parce qu'il avoit esté interjetté non seulement avant qu'il y eust Sentence diffinitive, mais mesme avant qu'il y eust Instance, n'y ayant qu'une simple information qui n'a jamais esté decretée, & qui par consequent n'a jamais pû faire une instance qui suppose une citation ou un decret ; Desorte que cét appel estoit entierement nul, non seulement par la disposition du Concordat, mais encore par celle du droit Civil & Canonique. 2° Sur ceque cét appel estoit *omisso medio*, & sans passer par le Metropolitain, contre la disposition expresse du mesme Concordat. Le quatrie'me, de ce

que ledit Sieur Evefque de Vabres , fans aucun commandement precedent ny monition , a fufpendu ledit Promoteur
jufqu'à cequ'il euft remis la procedure , cequi eft contre les
Canons , & contre l'ordre judiciel ; & de ceque ledit Promoteur ayant fait remettre un extrait en forme de cette procedure , & ledit Sieur Evefque de Vabres ayant levé en confequence la fufpenfe , il en auroit decerné un autre jufqu'à la
remife des originaux. LE CINQUIE'ME, de ceque ledit Sieur
Evefque de Vabres a paffé manifeftement les bornes de fa
commiffion en deux façons ; la premiere , lorfqu'il a entrepris de donner permiffion au frere Hilarion Lavaur de prefcher & de confeffer dans le diocefe d'Alet , puifque fon Bref
ne luy donnoit en aucune forte un pouvoir fi exorbitant , n'y
eftant pas mefme parlé de la confeffion , fans examiner maintenant fi on auroit pû luy donner ce pouvoir ; la deuxiéme ,
en ce qu'il a permis aux freres de Vaux & Neblon qui ne font
pas feulement nommez dans la commiffion , de fe prefenter à
luy ou à tels Evefques de la Province que bon leur fembleroit , cequi eft un attentat inoüy dans l'Eglife & un abus tres
dangereux. LE SIXIE'ME , de ceque ledit Sieur Evefque de
Vabres dans fa Sentence diffinitive déclare avoir efté bien
appellé par ledit frere Lavaur, & mal jugé, fans dire par qui, ce
qui eft un abus. Car s'il a entendu l'official d'Alet , comment
auroit-il mal jugé , n'ayant rien jugé ? & s'il a entendu ledit
Sieur Evefque d'Alet , tout ce qu'il a fait dans cette affaire eft
d'avoir donné commiffion pour informer dans le cours de fa
vifite , cequi n'eft pas un jugement , & de declarer generallement par les ordonnances fynodalles , qu'aucun Preftre fecu-
lier ou regulier ne peut confeffer fans fon approbation , ny
prefcher contre fon gré ; en quoy on ne peut dire qu'il ait mal
jugé , qu'en condannant les Conciles , & les Bulles & Decrets
des Papes que ledit Sieur Evefque d'Alet n'a fait que fuivre
dans fes Ordonnances. Et enfin LE SEPTIE'ME ET DERNIER
MOYEN D'ABUS eft pris , de ceque demeurant prouvé par la
procedure que ce frere Hilarion , qui en convient , a prefché
au mépris des deffenfes dudit Sieur Evefque , & a avancé des
erreurs condannées & tenu en prefchant plufieurs difcours injurieux au caractere epifcopal , ledit Sieur Evefque de Vabres
l'a renvoyé abfous , & deboutté ledit Sieur Promoteur d'A-
let , qui pour faire reparer fes excés avoit demandé qu'il en
fuft informé , de fes fins & conclufions , & l'a condanné en
quatre cent foixante livres de dépens ou épices contre toutes
les regles de l'equité & l'Edit du feu Roy de glorieufe me-
moire de l'an 1625. & la Declaration de fa Majefté du mois de

Fevrier

5. Moyen d'abus.

6. Moyen d'abus.

7. Moyen d'abus.

Fevrier 1655. par lequel il eſt deffendu de condanner les Promoteurs aux dépens, ſi ce n'eſt en cas de calomnie manifeſte, comme on ne condanne pas les Procureurs de ſa Majeſté aux dépens s'ils ne ſont convaincus de calomnie. Suppliant à ces cauſes en le recevant apellant côme d'abus de ladite ſentence du 8. juillet 1664. & de toute la procedure faitte par ledit Sr Eveſque de Vabres, ordonner que ſur ledit appel les parties procederont pardevant les ſieurs Commiſſaires nommez par ledit Arreſt du Conſeil : Au bas de laquelle requeſte eſt l'ordonnance du 2. février 1666. qui joint ladite requeſte à l'inſtance principale pour en jugeant eſtre fait droit, & ſoit ſignifié.

Demandes & conluſions des Gentilshommes du diocese d'Alet, à ce qu'apres la declaration dudit ſieur Eveſque d'Alet, & du Clergé dudit diocese mentionnée en la requeſte par eux preſentée au Conſeil, le 24. mars 1665. & au Factum imprimé ſous le nom de Vincent Ragot Promoteur de l'eveſché d'Alet folio 4. verſo, contenant le refus fait par ledit Clergé & par ledit ſieur Eveſque d'Alet de ſoutenir perſonnellement [a] les diverſes accuſations qu'il a impoſées auſdits Gentilshommes, il pluſt à ſa Majeſté declarer la requeſte preſentée au parlement de Thoulouſe par le Syndic dudit Clergé le 5. octobre 1663. [b] injurieuſe & déraiſonnable, ordonner que l'Arreſt intervenu ſur ladite requeſte ſera tiré des regiſtres dudit parlement de Thoulouſe, condamner le Syndic dudit Clergé & ledit ſieur Eveſque d'Alet en telle reparation & amende que de droit ; ordonner en outre que les injures & fauſſes accuſations conrenües dans les ecritures & Factum imprimé & diſtribué ſous le nom dudit ſieur Ragot, ſeront rayées & biffées, & que deffenſes ſeront faittes audit ſieur Ragot, ſyndic dudit Clergé, & audit ſieur Eveſque d'Alet de plus uſer de tels diſcours : & pour la temerité & injure publique, condamner ledit ſieur Ragot en telle peine corporelle & amende honoraire qu'il plaira à ſa Majeſté. Et en cas que ledit ſieur Eveſque d'Alet & ſon dit Clergé

[a] *Il plaiſt à cette Nobleſſe de dire qu'on s'eſt departi de ce qui eſt contenu dans la requeſte preſentée au parlement de Thoulouſe rapportée cy deſſus, parceque dans la huitième page du Factum il eſt dit : qu'il ne s'agit pas de les punir de leurs excez, &c. On s'en eſt ſi peu departi, que la piece qu'ils alleguent n'a eſté donnée au public que pour faire connoiſtre en détail ce qui n'eſt repreſenté qu'en gros en cette requeſte.*

[b] *Ce n'eſt pas dequoy il eſt queſtion. Le ſujet des plaintes de ces Meſſieurs,*

& ce qui les obligez à fermer entre eux un ſyndicat, eſtoit comme ils le diſent eux meſmes dans l'acte qu'ils en firent dreſſer & qui a eſté rapporté cy-deſſus ; les difficultez que M. d'Alet & les Curez & Confeſſeurs de ſon diocese faiſoient naiſtre tous les jours dans les confeſſions les vexant dans leur temporel & droits honorifiques ; c'eſt à dire que ces Curez & Confeſſeurs ne voulans pas trahir leur miniſtere, leur repreſentent dans les confeſſions l'obligation qu'ils ont de reſtituer le bien mal acquis, de payer le ſalaire aux pauvres gens qu'ils ont fait travailler, de ſatisfaire aux artiſans & marchands qui ſont incommodez des avances qu'ils leur ont faittes, de quitter le peché, &c. De ſorte que les veritables concluſions qu'ils auroient dû prendre auroient eſté, que continuans à prendre ou retenir le bien du prochain injuſtement & à vivre dans le vice : les Curez fuſſent tenus de leur donner l'abſolution & de les admettre aux ſacremens, ou en tout cas qu'il leur fut permis d'aller ſe confeſſer aux Auguſtins de Caudiez & Iacobins de Quillan avec leſquels ils ſe ſeroient accommodez, ou à tels autres que bon leur auroit ſemblé. Car il eſt ridicule d'avoir fait un ſi grand bruit pendant quatre ou cinq ans, d'avoir ſoulevé tout le diocese, de s'eſtre vantez d'avoir cinq ou ſix cens actes pour la preuve de leurs plaintes, & ſur le point du jugement demander qu'il ſoit enqueſté à la requeſte & pourſuite de M. d'Alet qui ne le demande pas.

D

perſiſtent à ſoutenir les faits mentionnez en ladite requeſte, ordonner qu'il en ſera informé à la requeſte & pourſuitte dudit ſieur d'Alet par tels Commiſſaires qu'il plaira à ſa Majeſté de deputer; Et faiſant droit ſur la requeſte deſdits Gentilshommes preſentée au parlement de Thoulouſe le 26. novembre 1663. recevoir leſdits Gentilshommes à faire preuve de tous les faits mentionnez en ladite requeſte, & ordonner qu'il en ſera informé par tels Commiſſaires qu'il plaira à ſa Majeſté de deputer, pour les preuves & informations rapportées, le procez eſtre fait aux coupables. Si mieux n'aime ſa Majeſté & noſſeigneurs les Commiſſaires departis, attendu la preuve generale reſultante produite en l'inſtance, & *c* l'aveu que leſdits demandeurs ont fait de la plus grande partie deſdits faits & chefs d'information, pourvoir dés à preſent d'un reglement ſalutaire auſdits Gentilshommes & à tout le peuple dudit dioceſe ſur chacune deſdits plaintes & chefs d'accuſation ainſi que de raiſon.

c Ce qui a eſté avoüé par le Promoteur d'Alet fait voir ce que ces Gentilshommes combattoient, c'eſt à dire les plus ſaintes regles de l'Egliſe.

Requeſte preſentée par leſdits Gentils-hommes tendante à ce que pour les cauſes y contenües, il pluſt à ſa Majeſté en procedant à l'examen des plaintes & au jugement du different des parties, ordonner qu'à l'avenir les *d* Aſſiettes dudit dioceſe d'Alet & Limoux ſeront reünies & tenües dans ladite ville de Limoux pardevant un ſeul Commiſſaire, ainſi qu'il a eſté prattiqué de toute ancienneté, attendu que ladite ville eſt le chef de la Viguerie royale dudit dioceſe; & en cas que ſa Majeſté fit quelque difficulté d'adjuger auſdits ſuplians leſdites concluſions, ordonner ſubordinement que l'Aſſiette dudit Alet ſera tenüe ordinairement dans une ville royale dudit dioceſe, afinque les deputez y puiſſent donner leurs voix & ſuffrages avec liberté, ſuivant les reglemens de ladite province, & l'uſage obſervé dans tous les autres dioceſes: l'ordonnance au bas de ladite requeſte du 16. juin 1666. en jugeant ſera fait droit.

d Ces Meſſieurs ſont ſi accoutumez au deſordre qu'ils ne peuvent ſouffrir l'ordre établi dans le dioceſe par la ſeparation des Aſſiettes, & le ſoulagement que le peuple en reçoit, eſtant à couvert des grivelées & concuſſions des perſonnes que cette Nobleſſe appuyoit.

Demandes & concluſions du ſieur Henry du Vivier ſieur de Raſiguiéres, à ce qu'il plaiſe à ſa Majeſté *e* deboutter ledit ſieur d'Alet de ſa demande.

Concluſions du ſieur de Raſiguiéres.

e C'eſt à dire qu'il ſoit tenu pour bien abſous, & que les Arreſts du Parlement de Thoulouſe ayent lieu.

Concluſions du ſieur du Vila Pomenc.

Concluſions du ſieur de Rennes.

Demandes de François d'Iſarn ſieur du Vila Pomenc, à ce qu'il plaiſe à ſa Majeſté declarer ledit ſieur Ragot, & ledit ſieur Eveſque d'Alet non recevables & mal fondez en leur appel; & les condamner aux dépens.

Demandes & concluſions du ſieur d'Hautpoul ſeigneur & Baron de Rennes, à ce qu'il plaiſe à ſa Majeſté declarer y avoir abus aux ordonnances & entieres procedures faittes par ledit ſieur Eveſque d'Alet, & ordonner que les Arreſts

que ledit fieur de Rennes a obtenus au parlement de Thouloufe, & l'abfolution qui luy a efté departie en confequence
fortiront leur plein & entier effet, & ledit fieur d'Alet condamné aux dépens dommages & interefts dudit fieur de
Rennes.

Plaintes de Mre Jean Pierre de Cafteras de Montefquieu *Conclufions du fieur de Sournia.*
feigneur de Sournia contenües en l'Avertiffement imprimé
pour fervir à la deffenfe defdits Gentilshommes dudit diocefe d'Alet.

Requefte de Mre Marc Antoine de Mauleon & de Nar- *Conclufions du fieur de Nebias.*
bonne baron de Nebias, tant en fon nom que comme l'un
des fyndics des Gentilshommes dudit diocefe d'Alet, tendante à ce qu'il pluft à fa Majefté, en procedant au jugement de l'inftance d'entre ledit fieur Evefque d'Alet & le
fyndic dudit Clergé, luy adjuger les fins contenus en deux
requeftes par luy prefentées au Parlement de Grenoble les
12. & 15. janvier 1665. ce faifant, fans avoir egard aux procedures & informations contre luy faittes, le renvoyer quitte
& abfous de l'accufation contre luy formée audit parlement de Grenoble par ledit Promoteur, ordonner que l'Arreft dudit parlement de Thouloufe du 24 juillet 1664. forti-
ra fon plein & entier effet, & condamner ledit fieur Promoteur en tous les depens dommages & interefts : & luy donner acte de ce que pour parvenir aufdites fins il employe le
contenu en ladite requefte, & tout ce qui a efté écrit &
produit en l'inftance, mefme de la part dudit Promoteur,
en ce qui luy peut fervir.

Requefte de Me François Julien Curé de Quillan à ce *Conclufions du fieur Julien Curé de Quil-lan.*
qu'il pluft à fa Majefté fans avoir egard à l'Arreft de fon Con-
feil d'Eftat, en ce qu'il a evoqué les differens & pourfuittes
par luy faittes au parlement de Thouloufe contre ledit fieur
Evefque d'Alet, le Syndic & Promoteur dudit diocefe & autres, avec leur circonftances & dépendances ; ordonner que
lefdites parties procederont au parlement de Thouloufe en
l'inftance qui y eft pendante entre elles, & y faifant droit adjuger audit fuppliant les conclufions par luy prifes en icelle.
Et au furplus, attendu le payement fait par ledit fuppliant audit Eymere, Brun & Faure fuivant leurs quittances du 12.
jour du mois de novembre dernier, faire pleine & entiere
mainlevée audit fuppliant des grains, vin & autres chofes
fur luy faifies, à la délivrance defquelles les gardiens feront
contraints à en rendre au fuppliant la jufte & legitime valeur,
fuivant le prix & eftimation qui en fera faitte par le premier
juge royal des lieux non fufpect, & ce par toutes voyes deües

& raisonnables, & faire deffenses audit Promoteur d'Alet &
ausdits Eymere, Brun & Faure de rien attenter, ny faire aucunes saisies & executions pour quelque cause que ce soit sur
les fruits & revenus de ladite Cure, en continuant par ledit
suppliant à leur payer à l'avenir conformement audit Arrest
leurs pensions & retributions accoutumées, telles & en la
mesme maniere qu'il a fait auparavant les differens dont il
s'agit entre les parties : le tout sans prejudice des droits dudit
suppliant, de l'appel comme d'abus par luy relevé au parlement de Thouloufe, & de tous ses depens dommages & interests.

Conclusions du sieur Eymere prestre vicaire de Quillan. Voyez le Factum 4. Eclaircissement.

Demandes & conclusions de Me Jacques Eymere prestre
& vicaire de Quillan, à ce qu'il plaise à sa Majesté declarer
l'accusation intentée par ledit Julien contre ledit Eymere,
& les faux faits contre luy avancez, injurieux & calomnieux,
casser, revoquer & annuler la procedure extraordinaire, decrets, jugemés & Arrests interenus au parlemét de Thoulouse
à la suscitation dudit Julien sous le nom supposé du S Procureur general ; ordonner que les escroües faits de la personne
dudit Eymere és prisons de Thouloufe & en celles de l'Officialité d'Alet, seront rayées & biffez, & condamner le def-
fendeur en telle peine & reparation que de raison, avec dépens dommages & interests soufferts & à souffrir par le demandeur, & en tous les dépens par luy faits, & en ceux de la
presente instance.

Requeste & conclu-
sions du Provincial
des Religieux Augus-
tins soi disaus refor-
mez de la province de
Guienne prenant le
fait & cause pour les
freres Hilarion La-
vaur, Devaux & Ne-
blon Augustins de
Caudiez.
*Le nom qu'ils pren-
nent d'Hermites de S.
Augustin fait voir que
leur vocation est la soli-
tude pour faire peniten-
ce, & que ce n'est qu'a-
vec peine qu'ils doivent
sortir de leurs cloistres
pour estre appliquez par
les Evesques à la con-
duite des ames dans les
necessitez de l'Eglise. Il
paroist par là que ce Provincial n'est gueres in-
formé de l'esprit de son
institut.

Requeste presentée par le Provincial des Augustins refor-
mez de la province de Guyenne, contenant que dans ladite
province, il y a un convent de leur ordre en la ville de Caudiez diocese d'Alet, où les Religieux depuis sept ou huit ans
sont traittez avec toute sorte de rigueur par le sieur Evesque
dudit diocese, lequel entre autres choses à refusé de leur permettre de prescher selon leur ª institut, sans leur alleguer
d'autres raisons de son refus que sa propre volonté, & sans
les vouloir recevoir à la preuve de leur capacité ; contre le
dessein de l'Eglise, qui a toujours entendu qu'ils ne fussent re-
jettez de ces fonctions qu'à raison de l'incapacité ou du scandale, puisqu'ayant esté fondez avec la qualité de mendians,
on a voulu qu'ils ne trouvassent leur subsistance que dans le
service qu'ils peuvent rendre au peuple dans ladite fonction.
Cette severité qui ruine entierement leur monastere obligea
le Prieur dudit convent de recourir au saint siege en l'année
1662. duquel il obtint des commissaires au nombre de trois,
chacun desquels au defaut de l'un ou des deux autres pouvoit
juger. C'est pourquoy ledit sieur Evesque de Vabres l'un

d'iceux en l'abſence de l'un, & au refus de l'autre, receut ladite commiſſion, & proceda inceſſament au jugement dudit procez ; & aprés que toutes les formes judiciaires eurent eſté obſervées, il prononça deux ſentences en divers temps ; la premiere proviſionelle, & la deuxiéme diffinitive ; & par toutes les deux il a eſté permis au Prieur dudit convent, homme reconnu capable, de preſcher & entendre en confeſſion le peuple dudit Caudiez dans leur egliſe. Neanmoins ledit ſieur Eveſque d'Alet ne voulant pas acquieſcer auſdites ſentences s'eſt derechef pourvû devant le ſaint ſiege, pretendant avoir eſté mal jugé par ledit ſieur Eveſque de Vabres ; & ſur ſes remonſtrances, trois autres Eveſques ont eſté de nouveau deputez dans la meſme forme que les precedens, [a] parmy leſquels le ſieur Eveſque d'Alby eſt maintenant ſaiſi de la cauſe. Et d'autant que ledit ſieur Eveſque d'Alet a bien preveu que ces rigueurs ne ſeroient pas mieux approuvées de ce dernier qu'elles l'ont eſté du premier, pour travailler leſdits Religieux les divertiſſant en divers tribunaux, il a obtenu un Arreſt du Conſeil le 15. ſeptembre dernier, [b] par lequel voſtre Majeſté n'eſtant pas informée de cette conteſtation particuliere, s'eſt reſervée le jugemēt de ladite conteſtation. En conſequence duquel Arreſt leſdits Religieux & le ſuppliant ont eſté aſſignez au Conſeil, ſous pretexte que ledit ſieur Eveſque d'Alet a expoſé que leſdits Religieux eſtoient ſyndiquez avec la Nobleſſe dudit dioceſe d'Alet, & que ce n'eſt qu'une meſme affaire ; ce qui n'eſt qu'une ſuppoſition evidente. Car l'affaire deſdits Religieux eſt entierement ſeparée de celle de laditte Nobleſſe, & a eſté commencée une année auparavant celle deſdits Gentilshommes. En quoy paroiſt bien la mauvaiſe foy dudit ſieur Vincent Ragot Promoteur dudit ſieur Eveſque d'Alet, qui a pourſuivi ledit Arreſt, pour fatiguer leſdits Religieux par des chicannes & ſuppoſitions ne pouvant le faire par les voyes ordinaires de la juſtice, attendu meſme qu'il ne s'agit dans leur cauſe que d'une matiere purement ſpirituelle, à ſçavoir de l'adminiſtration du ſacrement de penitence, & de la predication de la parole de Dieu ; & que d'ailleurs ils ont eſté toujours ſi reſpectueux envers le caractere epiſcopal, qu'ils n'ont jamais demandé ny cherché que des Eveſques pour juger ces differens. En quoy il paroiſt que ledit Ragot à mauvaiſe grace, lorſqu'il veut tirer leſdits Religieux d'un tribunal eccleſiaſtique pour les conduire au laïque, pour y apprendre & determiner s'ils doivent preſcher & confeſſer. Suppliant pour toutes

D iij

[a] Ce Religieux ne dit pas que ſur l'appel de la ſentence de M. l'Eveſque de Vabres, M. l'Eveſque de Rieux avoit eſté commis, & qu'ayant commencé à connoiſtre du different, luy & ſes Religieux ont recouru à Rome ſous pretexte que M. de Rieux leur eſtoit ſuſpect, ſans en alleguer aucune cauſe, contre toutes les loix ; c'eſt à dire qu'il avoient reconnu qu'il ne ſeroit pas toutafait à leur diſpoſition comme M. l Eveſque de Vabres.

[b] Cet Arreſt eſtoit donné ſur le ſyndicat de la Nobleſſe. Les Religieux de Caudiez y eſtoient compris nommement: C'eſtoit la Nobleſſe qui faiſoit les frais de leur procez. Il eſtoit donc naturel que l'acceſſoire ſuiviſt le principal.

ces considerations, qu'il plûſt à ſa Majeſté delivrer leſdits Religieux des oppreſſions & vexations qui leur ſont faites de la part dudit Sieur Eveſque d'Alet ou dudit Ragot ſon Promoteur, ce faiſant, décharger leſdits Religieux Auguſtins de Caudiez de l'aſſignation qui leur a eſté donnée le 5. Octobre dernier en vertu de l'Arreſt du Conſeil du 15. Septembre precedent, ce faiſant renvoyer les parties pardevant ledit Sieur Eveſque d'Alby Commiſſaire depute par ſa Sainteté pour connoiſtre de leurs differens, & condamner ledit Sieur d'Alet & Ragot en tous dépens, dommages & intereſts deſdits Religieux.

Requeſte des Religieux Capucins, Gardiens des Convents de Limoux & Chalabre, à ce qu'il plaiſe à ſa Majeſté ſans avoir égard aux concluſions priſes par ledit Sieur Eveſque d'Alet & ſon Promoteur, dans leur Factum ſous le titre d'Avertiſſement, pour ce qui concerne les Supplians, & en conſequence de leur declaration, qu'ils n'ont nulle part au ſujet de la plainte dudit Sieur Eveſque d'Alet contre la Nobleſſe de ſon dioceſe; & que d'ailleurs ils n'ont aucun different avec ledit Sieur Eveſque d'Alet ny avec le Promoteur dudit dioceſe, à cauſe des Arreſts du Conſeil & du Parlement de Thoulouſe qui ont jugé & terminé tout ce qui concerne les Supplians, en ce que leſdits Arreſts qui ſubſiſtent, ont approuvé l'uſage de leur queſte, avec deffenſes à tout autre de les y troubler, leſquelles deffenſes ſeront reïterées entant que de beſoin ſeroit : declarer les mots de party, de faction, de cabale, de revolte, & autres termes ſcandaleux, inſerez contre l'honneur deſdits Supplians dans ledit Factum, injurieux & calomnieux.

Requeſte preſentée par Antoine * d'Hautpoul ſieur de Monſerrand, Chanoine de l'Egliſe Cathedrale d'Alet, contenant que ſa Majeſté par Arreſt de ſon Conſeil d'Eſtat du 24. Decembre 1665. ayant pour les cauſes & conſiderations portées par iceluy, nommé les Sieurs Eveſque de Luçon, d'Argenſon, & le Nain Conſeillers d'Eſtat, les Sieurs Abbez le Camus, Benjamin, & Mᵉ François Pinſon Advocat au Parlement de Paris, Commiſſaires pour juger diffinitivement les differens qui eſtoient entre le Sieur Eveſque d'Alet, Mᵉ Vincent Ragot ſon Promoteur d'une part; & les ſieurs de l'Eſtang & Rives Doyen & Chanoine de ladite Egliſe d'Alet d'autre; & encore ledit Sieur Eveſque & Promoteur d'Alet contre le Supplian & quelques autres Eccleſiaſtiques dudit dioceſe; ledit Sieur Eveſque de Luçon ayant eſté obligé de ſe retirer en ſon dioceſe avec la precipitation que ne pouvoit permettre la confequence & le poids de toutes ces affaires, lefdits Commiffaires n'ont pû terminer que celles defdits de l'Eftang & Rives, & juger fimplement l'appel qui avoit efté interjetté par le Suppliant du 16. article de l'Ordonnance dudit Sieur Evefque d'Alet ; mais ils n'ont rien prononcé fur fon appel comme d'abus de l'Ordonnance dudit Sieur Evefque d'Alet, par laquelle on a declaré qu'il avoit encouru l'interdiction faute d'avoir fait fon devoir pafcal, quoy qu'il faffe voir qu'il y a fatisfait, & que fi ce n'a pas efté de la maniere que ledit Sieur Evefque d'Alet le fouhaite, il n'a pas tenu à luy, ayant fait pour cela toutes les demarches poffibles. Lefdits Commiffaires n'ont rien prononcé non plus fur la reftitution de fes diftributions, defquelles ledit Sieur Evefque d'Alet a empefché qu'il n'ait rien receu depuis le commencement du procés, quoy qu'elles ayent efté adjugées aufdits fieurs de l'Eftang & Rives qui avoient efté excommuniez par ledit Sieur Evefque : deforteque les principaux chefs de la conteftation du Suppliant fe trouvent indecis. Et pour y pouvoir mettre une fin qui acheve de mettre le repos dans ce diocefe fuivant l'intention de fa Majefté, requeroit ledit Suppliant qu'il luy plûft renvoyer la connoiffance de la caufe de cequi refte à juger de ce different, au Parlement de Thouloufe où il eftoit pendant, ou pardevant tels autres Juges & Commiffaires qu'il plaira à fa Majefté : fur laquelle Requefte eft intervenu Arreft du Confeil, fa Majefté y eftant, du 17. Juin 1666. par lequel a efté ordonné que ledit Hautpoul remettra dans trois jours és mains des Sieurs de Vertamon & de Boucherat Confeillers ordinaires audit Confeil les pieces juftificatives des demandes contenües en ladite Requefte, defquelles fera donné communication au Promoteur du diocefe d'Alet, pour en communiquer avec les Sieurs Archevefque d'Arles, Evefques de Chartres, Mande, & Perigueux, Abbez le Camus & de S. Michel, & donner enfuite conjoinctement leurs avis à fa Majefté, pour iceluy veu eftre pourveu fur ladite Requefte & demandes ainfi qu'il appartiendra par raifon. Conclufions & demandes dudit Hautpoul Chanoine d'Alet aux fins mentionnées cy-deffus audit Arreft, & à ceque faifant droit fur l'appel par luy interjetté des ordonnances & fentences dudit Sieur Evefque d'Alet & du Vicaire general du Sieur Archevefque de Narbonne, lefdites ordonnances & fentences foient declarées abufives, & les confeffions faites par ledit d'Hautpoul foient confirmées, avec reparation de l'outrage qui luy a efté fait, & la reftitution tant de fes diftributions & revenus de fon Canonicat, que restitution des sommes que ledit Sieur Promoteur a exigées de luy, en vertu des executoires decernées pendant son appel en Cour de Rome, par le Vicaire general de l'Archevesque de Narbonne.

Pieces produites au procés.

Factum, imprimé de Mre Vincent Ragot Prestre, Docteur en droit canonique, Promoteur de l'Eglise & diocese d'Alet, tant pour luy que pour le Syndic dudit diocese, & Mre Nicolas Pavillon Evesque d'Alet, entant qu'il y a & peut avoir interest ; contre le pretendu Syndic de quelques Gentilshommes, & quelques Ecclesiastiques & Reguliers dudit diocese : contenant une ample instruction du procés pendant entr'eux au Conseil de sa Majesté, avec les raisons & autoritez qui justifient la conduite dudit Sieur Evesque d'Alet, & des Ecclesiastiques de son diocese. Autres plaintes desdits Gentilshommes du diocese d'Alet en un cahier contenant vingt & un chef, tant pour eux que pour leurs vassaux, sur la conduite dudit Sieur Evesque d'Alet, ses Officiers, Confesseurs & Prestres établis dans les paroisses de son diocese ; avec les Réponses faites par ledit Sieur Promoteur à chacune desdites plaintes. Autre Factum dudit Sieur Promoteur, contenant la réponse aux nouvelles plaintes produites au procés par ledit Syndic desdits Gentilshommes, & aux preuves par lesquelles ils ont pretendu appuyer lesdites plaintes. Cahier imprimé de resolutions de plusieurs cas importans pour la morale & la discipline ecclesiastique. Autre Factum imprimé servant d'Avertissement, & de Repliques, contenant les moyens de justification en general, & en particulier des Gentilshommes du diocese d'Alet, & les plaintes importantes desdits Gentilshommes contre la conduite des Curez & Vicaires dudit diocese, contraire à l'esprit [a] universel de l'Eglise, pour les Gentilshommes du diocese d'Alet, contre le Syndic du Clergé dudit diocese, & Messire Nicolas Pavillon Evesque d'Alet : Ensuite duquel Factum est une justification des Gentilshommes dudit diocese, contre les plaintes singulieres contenuës dans les Factums imprimez sous le nom dudit Sieur Vincent Ragot Promoteur dudit Alet [b] Ordonnance du Seneschal de Limoux renduë sur la Requeste du Sieur Promoteur de l'Eglise d'Alet du 25. Septembre 1660. par laquelle il est fait deffenses à toutes personnes dudit diocese d'Alet, de contrevenir directement ou indirectement aux Ordonnances, Arrests, & Reglemens, & de faire aucuns ouvrages aux jours de Dimanches & Festes, charrier ou mesurer bled,

vendre

vendre ou debiter marchandifes ou denrées en gros ny en
détail, porter ny faire porter faix, danfer publiquement en
quelque façon & maniere que ce foit, à peine de cinq cens livres. Comme auffi en tout temps de faire danfes avec poftures
indecentes, & attouchemens contre la bienfeance & honne-
fteté chreftienne : & à tous Cabaretiers de recevoir aucuns
habitans des lieux dans leurs Cabarets, & aufdits habitans
d'y aller pour boire & manger : Et à toutes perfonnes de jouër
ny laiffer joüer dans leurs maifons à aucun jeu de hazard &
autres prohibez, fur les mefmes peines. Et en cas de contra-
vention, qu'il en feroit informé par le premier Docteur gra-
dué ou Notaire fur ce requis, pour l'information faite & rapportée eftre decerné tel decret que de raifon, permettant
cependant l'arreftation des marchandifes & denrées, & bétail
de charge voiturans efdits jous de Feftes & Dimanches. Autre
Ordonnance de Monfieur le Prince de Conty, du 15. Avril
1662. par laquelle il enjoint d'executer la fudite Ordonnance
du Senefchal de Limoux. Arreft du Parlement de Grenoble
du 11. Decembre 1664. confirmatif defdites Ordonnances.
Requefte prefentée audit Parlement de Grenoble par M^re
Marc-Antoine de Mauleon de Narbonne Seigneur de Nebias, Syndic de la Nobleffe dudit diocefe d'Alet, & Alexandre ᶜ Bernard Syndic de la Jeuneffe fyndiquée dudit diocefe,
afin d'eftre receus oppofans à l'execution du fudit Arreft du
11. Decembre 1664. & que l'Arreft rendu à la pourfuitte du
Sieur Procureur general au Parlement de Thouloufe du 24.
Juillet 1664. feroit executé felon fa forme & teneur, & ledit
Sieur Evefque d'Alet refponfable de tous dépens, dommages
& interefts, qui feroient adjugez aufdits Syndics contre ledit
Sieur Promoteur : fur laquelle Requefte feroit intervenu
Arreft dudit Parlement le 16. dudit mois & an, portant que
les parties en viendroient à Lundy prochain en l'audience.
Arreft du Parlement de Thouloufe fur la Requefte du Procureur general du 24. Juillet 1664. par lequel il auroit declaré
n'entendre empefcher que les Boulengers, Bouchers, & autres perfonnes dans ledit diocefe d'Alet, ne puiffent debiter
du pain, vin, & viande, fruits & autres chofes neceffaires
pour la nourriture les jours de Dimanche & Feftes, & que
les Meufniers ne puiffent moudre efdits jours aprés la Meffe
paroiffiale : & neanmoins fait deffenfes aufdits habitans &
domiciliez dudit diocefe de frequenter lefdits Cabarets ny
danfer lefdits jours de Feftes & Dimanches le matin ny l'a-
prefdinée, pendant le fervice divin feulement, fur les peines
portées par lefdites Ordonnances & Arrefts. Autre Sentence

E

ᶜ Ce fera une bonte eter-
nelle à cette Nobleffe de
s'eftre joints dans les
qualitez d'une mefme
Requefte à ce pretendu
Syndic de la Ieuneffe
pour foûtenir des defor-
dres qui deshonorent le
chriftianifme.

du Senefchal de Limoux du 23. Juin 1664. qui condamne folidairement les nommez Dufaur & Soulages Confuls de
Sournia en leurs propres & privez noms, les nommez Cafteras fieur de Courbous, Claude Perdigau, Philippes Crebellié,
Ferrier, Satget, & autres en dix livres au profit de l'Eglife pa-
roffiale dudit Sournia, avec inhibitions & deffenfes de contrevenir aux Ordonnances Royaux & autres, à peine d'eftre pu-
nis des rigueurs de droit, & aufdits Ferrier & Soulages de
tenir leurs boutiques ouvertes aux jours de Dimanche &
Feftes, mais feulement un guichet ou petite ouverture, fur
les mefmes peines ; & tous folidairement aux dépens envers
ledit Sieur Promoteur d'Alet. Appel interjetté & relevé le
15. Septembre 1664. audit Parlement de Grenoble par François Perdigau, & fignifié audit Sieur Promoteur le 26. dudit
mois de Septembre 1664. Signification de ladite Sentence
du Senefchal de Limoux du 23. Juin 1664. à tous les denommez en ladite Sentence, avec fommation de declarer s'ils ad-
herent à l'appel interjetté par ledit Perdigau, auquel ledit
Sieur de Courbous a declaré adherer, du 15. Octobre audit
an 1664. Plufieurs procedures, informations, & decrets faits
audit Parlement de Grenoble contre ledit fieur de Nebias
& autres.

Pieces qui regardent l'affaire du fieur de Rafiguieres.

Ordonnance du Sieur Evefque d'Alet aux Recteurs du
Vivier & de Puy-Laurens & autres de fon diocefe, de publier
par trois Dimanches plufieurs chefs de Monitoire contre
quelques perfonnes d'autorité, abufans de leur pouvoir par
l'entremife de toutes fortes de perfonnes pour feduire les
filles & femmes qu'ils tâchent de corrompre par toutes fortes de voyes du 28. Janvier 1661. Publication dudit Monitoire. Requefte prefentée au Parlement de Thouloufe le 7. Fevrier 1661. par Mᵉ Alexandre du Vivier fieur de Montfort, &
Henry du Vivier fieur de Rafiguieres fon frere, afin de caffation dudit Monitoire comme injurieux : fur laquelle auroit
efté parlé fommairement aux parties, & cependant deffenfes de continuer la publication dudit Monitoire. Autre Requefte prefentée audit Parlement de Thouloufe par ledit
Sieur Evefque d'Alet du 18. Fevrier 1661. pour lever lefdites
deffenfes : fur laquelle auroit efté rendu Arreft ledit jour,
portant que ledit Monitoire feroit publié. Certificat du
Recteur du Vivier, comme par plufieurs fois il a requis ledit
fieur de Rafiguieres de vouloir quitter fa vie fcandaleufe, autrement qu'il feroit procedé contre luy par cenfures & excommunication, du 10. Avril 1661. Procés verbaux de vifites faites par ledit Sieur Evefque d'Alet aux lieux de Puy-

Laurens & du Vivier des 2. & 11. Septembre 1661. Sentence
d'excommunication fulminée par ledit Sieur Evefque d'Alet
du 11. Septembre 1661. contre ledit fieur de Rafiguieres.
Acte d'appel comme d'abus interjetté le 16. Septembre enfuivant de ladite Sentence d'excommunication contre luy
fulminée. Appel relevé au Parlement de Thouloufe le 27.
defdits mois & an, fignifié audit Sieur Evefque d'Alet le premier Octobre audit an, avec affignation à comparoir audit
Parlement fur ledit appel. Arreft du Parlement de Thouloufe du 10. Novembre 1661. par lequel il eft ordonné que ledit
fieur de Rafiguieres fe pourvoira pardevers l'Archevefque
de Thouloufe ou fes Vicaires generaux pour luy eftre pourveu du benefice d'abfolution *ad cautelam.* Ordonnance dudit fieur Vicaire general & Official dudit Sieur Archevefque
de Thouloufe du 17. Novembre 1661. par laquelle il ofte &
leve l'excommunication laxée par ledit Sieur Evefque contre ledit fieur de Rafiguieres & luy pourvoit du benefice
d'abfolution *ad cautelam*, fuivant ledit Arreft dudit Parlement de Thouloufe du 10. Novembre audit an, afin qu'il ne
demeure pas privé pendant le procés de l'entrée de l'eglife &
de la participation des Sacremens, s'eftant à ces fins mis à ge-
noux. [a] Signification de ladite ordonnance audit Sieur Evefque d'Alet du 22. Novembre enfuivant. Ordonnance dudit
Sieur Evefque d'Alet du 29. Novembre audit an, par laquelle il deffend au Recteur du Vivier & autres de celebrer, ou
Officier dans fon diocefe en prefence du fieur de Rafiguieres
à peine de fufpenfe *ipfo facto.* Defaut obtenu par ledit fieur
de Rafiguieres audit Parlement de Thouloufe le 16. Novembre 1661. contre ledit Sieur Evefque d'Alet, faute de s'y eftre
prefenté fur ledit appel comme d'abus. Arreft du Parlement
de Thouloufe obtenu par defaut le 19. Juin 1662. par ledit
fieur de Rafiguieres contre ledit Sieur Evefque d'Alet, qui
declare y avoir abus en ladite Sentence d'excommunication
du 11. Septembre 1661. & condamne led. Sieur Evefque d'A-
let à l'amende & aux dépens : & que neanmoins il fera informé à la Requefte du Procureur general dudit Parlement des
faits enoncez. Autre Arreft dudit Parlement de Thouloufe
du 8. Fevrier 1662. par lequel il eft enjoint aux Curez & Recteurs de Puy-Laurens, Rafiguieres, & Montfort, de celebrer la meffe en prefence dudit fieur de Rafiguieres, & de
luy adminiftrer les facremens à peine de faifie de leur temporel & autre arbitraire ; fignifié aufdits Recteurs de Puy-
Laurens & du Vivier le 23. & 25. Fevrier audit an. Autre
Arreft dudit Parlement de Thouloufe du 8. Mars 1662. qui

[a] *Voir ce qui eft dit dans le Factum 3. Ecclairciffe-ment §. 3. fur l'abus manifefte de cette abfo-lution pretendue.*

ordonne aufdits Recteurs du Vivier, Puy-Laurens, Rafiguieres, & Monfort de deferer & executer ledit Arreft du 8.
Fevrier precedent, fur les peines portées par iceluy, & que
des contraventions il feroit informé pardevant le premier
Juge Royal ; fignifié à Me Raphaël Saurel Recteur du Vivier
le 18. Mars, & à Me Antoine Marcis Recteur de Puy-Laurens
le 19. defdits mois & an. Adjournement perfonnel obtenu
par ledit fieur de Rafiguieres le premier Avril 1661. contre
les Curez du Vivier, Rafiguieres, Puy-Laurens, & Montfort, les nommez Jeannon & Pierrot neveux dudit Marcis,
Curé de Puy-Laurens & Leonard fon valet, en execution
dudit Arreft du 8. Fevrier audit an. Audition perfonnelle
defdits Curez du Vivier, Puy-Laurens & autres. Elargiffe-
ment defdits Curez à la charge de fe reprefenter. Requefte
dudit Sieur Evefque d'Alet au Parlement de Thouloufe du
20. Juin 1662. prenant le fait & caufe pour Me Raphaël Saurel Recteur du Vivier, Antoine Marcis Recteur de Puy-
Laurens, Jean Salavy Archipreftre & Vicaire perpetuel de
Caudiez, & Antoine Calvin Recteur de Rafiguieres, afin
d'eftre receus oppofans aufdits Arrefts qui renvoyent ledit
fieur de Rafiguieres devant l'Official Metropolitain de
Thouloufe, comme ledit Sieur Evefque n'y eftant pas nommé ny compris quoyque principal intereffé, & fans y avoir
égard ny aux informations decrets & procedures faites contre lefdits Recteurs, les caffer, avec dépens, dommages
& interefts, & deffenfes audit Sieur de Rafiguieres de troubler lefdits Curez & Recteurs en leurs fonctions, à peine de
dix mille livres d'amende & autre arbitraire. Executoire de
dépens obtenus par ledit fieur de Rafiguieres au Parlement
de Thouloufe contre ledit Sieur Evefque d'Alet des 19. &
20. Juin 1661. Plufieurs fommations, proteftations, plaintes, contre lefdits Curez, informations & autres procedures
faites de l'autorité dudit Parlement de Thouloufe, à la Requefte dudit fieur de Rafiguieres.

Pieces qui regardent
l'affaire du fieur de
Rennes.

Requefte prefentée au parlement de Thouloufe par M^e
Blaife d'Hautpoul feigneur de Rennes le 21. juillet 1661. à ce
que Me Jofeph Granier Curé de Rennes fuft appellé pour
declarer les caufes de refus qu'il a fait de luy donner l'abfolution, & qu'il y fuft contraint par toutes voyes deuës & raifonnables & par faifie de fon temporel, & qu'après la declaration dudit Curé, ledit fieur de Rennes fe puiffe pourvoir
ainfi qu'il avifera bon eftre ; attendu qu'il eft menacé d'eftre
excommunié ou interdit de l'entrée de l'eglife faute des'eftre
prefenté & avoir fatisfait à fon devoir pafchal, ainfi qu'il en

a esté usé envers pluficurs autres qui ont porté leur plaintes en ladite Cour ; & cependant faire deffenses audit sieur Evesque d'Alet de rien decerner contre luy à peine de nullité. Sur laquelle requeste le sieur de Fresals est commis pour parler sommairement. Procez verbal fait par ledit sieur Evesque d'Alet le 24. Aoust 1661. au lieu & eglise de Rennes ; par le premier article duquel il est ordonné que tous ceux qui n'ont pas fait leur devoir Paschal se disposeront à le faire dans quizaine sous peine d'interdit à luy reservé, qui s'encourra sans autre declaration, conformement au Canon *Omnis utriusque sexus* du Concile de Latran, enjoignant au Recteur dudit lieu de declarer les personnes qui y seront tombées ledit terme passé. Plusieurs procedures & sommations faittes à la requeste dudit sieur de Rennes au Curé du lieu de Rennes. Arrest du Parlement de Thouloufe du 23. Septembre 1661. Relief d'appel comme d'abus intejetté par ledit sieur de Rennes des ordonnances dudit sieur Evesque d'Alet & de ce qui a esté fait en consequence par ledit Curé de Rennes. Arrest du Parlement de Thouloufe du 13. Octobre 1661. rendu sur la requeste dudit sieur de Rennes, par lequel il y joint le susdit appel comme d'abus, & cependant par provision & sans prejudice du droit des parties, ordonne que ledit sieur de Rennes se pourvoira pardevant un des sieurs Evesques du ressort ou ses Vicaires generaux pour luy estre pourvû du benefice d'absolution *ad cautelam.* Ordonnance du Vicaire general du sieur Archevesque de Thouloufe du 6. Novembre 1661. par laquelle il leve l'interdit dudit sieur de Rennes decerné par ledit sieur Evesque d'Alet, & le pourvoit du benefice d'absolution *ad cautelam* suivant le susdit Arrest du parlement de Thouloufe du 13. Octobre precedent, signifié audit Curé de Rennes le 11. dudit mois de Novembre. Ordonnance du sieur Evesque d'Alet du 12. Novembre 1661. par laquelle il enjoint audit sieur de Rennes de garder son interdit à peine d'excommunication, avec deffenses à tous Prestres de celebrer la messe, ou les divins offices en sa presence sous les peines de droit. Sommation faitte audit sieur Evesque d'Alet le 16. Novembre à la requeste dudit sieur de Rennes, à ce qu'il eust à revoquer ladite ordonnance, attendu son absolution *ad cautelam.* Ensuitte de laquelle sommation est la reponse dudit sieur Evesque, que son ordonnance est canonique & qu'il n'y a lieu de la retracter. Arrest dudit parlement de Thouloufe du 23. Novembre 1661. portant que le susdit Arrest du 13. Octobre audit an seroit executé, & que ledit sieur

Evesque d'Alet revoqueroit son ordonnance du 12. dudit mois de Novembre , afinque ledit sieur de Rennes puisse joüir du benefice d'absolution *ad cautelam*, à quoy faire ledit sieur Evesque seroit contraint par saisie de son temporel. Sommation faitte audit sieur Evesque d'Alet le 2. Decembre 1661. à la requeste dudit sieur de Rennes à ce qu'il ait à revoquer la susdite ordonnance ; lequel repond que ladite ordonnance est canonique. Autre Arrest dudit parlement de Thoulouse du 4. Fevrier 1662. par lequel il est ordonné , que sans avoir egard à l'ordonnance dudit sieur d'Alet du 12. Novembre 1661. ny à tout ce qui s'en est ensuivi, les Arrests desdits jours 13. Octobre & 23. Novembre , & l'ordonnance des Vicaires generaux dudit sieur Archevesque de Thoulouse sortiroient leur effet, & que deffenses seront faittes au sieur Evesque d'Alet & à tous autres d'empescher ledit sieur de Rennes d'entrer dans l'eglise , d'assister à la messe & aux divins offices, à peine de mille livres & de saisie de leur temporel, & que des contraventions & mépris faits par Me Joseph Granier Curé de Rennes aux Arrests dudit Parlement , il en seroit informé par le premier Juge Royal. Plusieurs procedures , informations , adjournement personnel contre ledit Granier Curé de Rennes , en consequence du susdit Arrest à la Requeste dudit sieur de Rennes. Requeste dudit sieur Evesque d'Alet au Parlement de Thoulouse le 19. Juin 1662. prenant le fait & cause dudit Granier , sur ledit appel comme d'abus interjetté par le sieur de Rennes, aux fins de la cassation des informatiõs & decrets côtre luy decernez, & de tout ce qui s'en est ensuivi pour avoir obeï à son Evesque , avec dépens , dommages & interests ; & cependant deffenses audit sieur de Rennes d'attenter contre ledit Granier ny de le troubler en ses fonctions. Arrest du parlement de Thoulouse rendu le^a 18. Avril 1663. par lequel il est ordonné que la somme de cinq cens livres sera prise annuellement par provision sur ladite cure de Rennes en faveur du sieur Siau. Exploits de saisies faittes en consequence. Cahier de plaintes de Marie Lucresse du Vivier femme du sieur de Rennes contre ledit sieur Evesque d'Alet & ledit Curé de Rennes. Plusieurs sommations faittes audit Granier Curé de Rennes, tant de la part desdits sieur & dame de Rennes que d'Henry d'Hautpoul seigneur d'Ausillon. Protestations, declarations & certificats par eux produits.

Sentence renduë en l'Officialité d'Alet le 3. Novembre 1661. entre François d'Isarn Sr du Vila Pomenc , demandeur par requeste à ce que Me Noel Trinquier Curé de la Serpent

a Cet Arrest fut prononcé le 31. Mars , mais il n'a esté expedié & laissé que du 18. Avril.

Pieces qui regardent l'affaire du sieur du Vila Pomenc & l'entreprise du sieur Vilars lieutenant en l'officialité de Narbonne.

& Hugues Burgat Recteur de Roquetaillade euſſent à dire &
declarer le ſujet pour lequel ils ont refuſé d'abſoudre ledit
du Vila ; & leſdits Trinquier & Burgat deffendeurs : par laquelle Sentence, ſans avoir égard à la Requeſte dudit ſieur du
Vila, leſdits Burgat & Trinquier ſont déchargez de l'aſſignation qui leur avoit eſté donnée pardevant ledit Official
d'Alet avec dépens. Appel interjetté de ladite Sentence
pardevant ledit Official Metropolitain de Narbonne, du 5.
Novembre 1661. par ledit du Vila, ſignifié auſdits Curez de
la Serpent & de Roquetaillade, & au Sieur Promoteur d'A-
let le deuxiéme Decembre enſuivant, avec aſſignation à eux
donnée à comparoir dans trois ſemaines pardevant ledit
Official de Narbonne ſur ledit appel. Procedures faites en
conſequence, & Sentence rendüe par ledit official de Narbonne le 11. Septembre 1662. par laquelle il declare avoir
eſté mal jugé & ordonné par ledit Official d'Alet, bien appellé par ledit d'Iſarn ſieur du Vila ; & en la cauſe retenüe reformant, declare iceluy d'Iſarn du Vila n'avoir point encouru l'interdit porté par l'ordonnance du Sieur Eveſque d'Alet
du 22. Septembre 1661. & permet audit ſieur d'Iſarn
du Vila pour ſatisfaire à ſon devoir paſcal, de ſe preſenter
dans huitaine, à tel Confeſſeur que bon luy ſemblera de la
ville de Narbonne, ou dioceſe, approuvé du Sieur Archeveſque dudit Narbonne ou ſes Vicaires generaux, à l'effet de
ſe confeſſer à luy, & en prendre certificat comme il a eſté
confeſſé & abſous, à peine d'interdit ; & enſuitte ſe preſenter au Recteur ou Vicaire de l'Egliſe paroiſſiale du lieu de
Bourriege en qualité de ſon paroiſſien, pour recevoir de luy
le ſacrement de l'Euchariſtie, enjoignant audit Recteur ou
Vicaire de le luy adminiſtrer, à peine d'excommunication.
Et au ſurplus faiſant droit à ladite Requeſte dudit Iſarn du
Vila Pomenc du 13. Mars dernier, que deffenſes ſeront faites
à tous Recteurs ou Vicaires dudit dioceſe d'Alet, & autres
Preſtres, à raiſon dudit pretendu interdit, de luy refuſer l'entrée de leurs Egliſes, ny ſous pretexte de ſa preſence ceſſer
la celebration de la ſainte Meſſe, ny les divins offices, à peine
d'excommunication, & ſans dépens. Vilars Lieutenant ſigné au dictum, & taxé ſoixante-douze livres, y compris neuf
livres pour chaque opinant, payables un tiers par le Promoteur, un tiers par Burgat, & un tiers par Trinquier. Signification dudit Arreſt du Conſeil du 13. Septembre 1665. qui
evoque à ſa Majeſté les procés & differents des parties, audit
de Vilars Lieutenant en l'Officialité de Narbonne, avec
aſſignation à luy donnée en conſequence audit Conſeil com-

me pris à partie, pour venir voir caffer fa fentence du 11. decembre 1662. rendue au profit dudit fieur d'Ifarn du Vila Pomenc, comme attentatoire & contraire aux faints canons &
abufive, & fe voir condamner à la reftitution des épices & en
tous dépens, dommages & interefts; comme eftant ladite fentence une des affaires que ledit fieur Promoteur d'Alet à
contre la Nobleffe dudit diocefe, du 4. Janvier 1666. Declaration faitte par ledit de Villars audit fieur Promoteur
d'Alet, qu'il n'a aucun intereft dans ladite conteftation des
parties, c'eft pourquoy il a efté fort mal à propos affigné, &
doit eftre déchargé des fins & conclufions par luy prifes avec
dépens. Signification de ladite requefte prefentée par le fieur
Promoteur d'Alet du 10. Février 1666. pour eftre receu appellant comme d'abus de ladite fentence du 11. Septembre
1661. rendue par ledit de Villars, à Mre François Fouquet
Archevefque de Narbonne, en parlant pour luy à Me Jean
du Ferier fon Vicaire general & Official, & aux fins par luy
de repondre à ladite requefte, autrement que ledit fieur Promoteur protefte de tout ce qu'il peut & doit protefter; lequel
fieur du Ferier auroit fait reponfe, que ledit fieur Archevefque de Narbonne n'a aucun intereft & n'a jamais eu aucune
connoiffance de ladite fentence, & ne prend aucune part
qu'elle foit caffée ou confirmée; mais qu'en cas que ledit fieur
Promoteur pretendift de traitter la queftion de reglement
entre les Evefques & leurs fuffragans qui eft purement ecclefiaftique, il declare qu'il ne connoift point d'autres juges que
le Concile ou le Pape; ladite fignification & reponfe du 13.
Février 1666. Autre fignification de ladite requefte aux
advocats defdits Gentilshommes du diocefe d'Alet & dudit Villars du 18. Février audit an. Plufieurs procedures faites pardevant ledit Official de Narbonne. Sommations & in-
terpellations à la requefte dudit fieur du Vila Pomenc aux
Curez & Vicaires dudit faint Servin, Vila, & Bouriége de
le confeffer ou venir confeffer, & adminiftrer les facremens
eftant au lit malade, & de recevoir des Preftres dans ledit
lieu de Vila Pomenc pour y celebrer la meffe. Sentence de
l'Official de Narbonne entre les feigneur & habitans du
lieu du Vila Pomenc, le Recteur de faint Servin de Bour-
cege, & ledit Promoteur d'Alet du 7. Fevrier 1662. par laquelle fans avoir egard aux requeftes defdits Promoteur &
Recteur, & faifant droit fur celle des habitans du Vila Pomenc; il declare l'eglife de faint André dudit de Vila Pomenc
annexe de faint Servin, & que Me Cafenone recteur fera le
fervice en ladite eglife dudit Vila Pomenc, ce faifant y cele-
brera

brera ou fera celebrer tous les Dimanches & Festes de l'année & le jour de la dedicace de l'eglise, la Messe; y administrera ou fera administrer tous les Sacremens, mesme la confession & communion pendant la quinzaine de Pasques; ensevelira lesdits Seigneurs en leurs tombeaux dans ladite eglise, & les autres habitans dans le cimetiere, ausquelles fins il dira ou fera dire les Messes de *Requiem* pour le repos de l'ame des deffunts satisfait des retributions ordinaires; fera les reparations necessaires en ladite eglise trois mois apres la presente Sentence; le tout à peine d'excommunication: chargeant neanmoins lesdits Seigneurs & hauts Justiciers, d'aller assister aux divins services & offices les quatre festivitez de l'année, en ladite Eglise de saint Servin comme l'eglise matrice, ensemble le jour de saint Servin patron d'icelle, de payer audit Recteur le dixme accoûtumé, & de fournir un calice d'argent, missel, luminaire, & autres ornemens necessaires en ladite Eglise dudit Vila Pomenc, & ledit Recteur condamné aux dépens.

Ordonnance dudit Sieur Evesque d'Alet des 20. & 21. Janvier 1653. par la derniere desquelles faisant droit sur la Requeste de M François Fromont Docteur és droits contre Damoiselle Isabeau de Luga sa femme, & faute par ladite de Luga de s'estre presentée en personne pour dire les causes de refus, les deffauts contre elle sont declarez bien & deuëment obtenus, & ordonné que dans trois jours ladite de Luga se remettra avec ledit Fromont son mary, & le suivra en sa maison de Carcassonne pour y demeurer avec luy, à peine d'excommunication qu'elle encourera par le seul fait lesdits trois jours passez. Acte d'appel comme d'abus interjetté & relevé au Parlement de Thoulouse le 29. Janvier 1653. de ladite ordonnance du vingt-un desdits mois & an, signifié audit Sieur Evesque d'Alet le cinquiéme Fevrier audit an. Autre Ordonnance dudit Sieur Evesque d'Alet du 11. Aoust 1661. sur la Requeste dudit Promoteur contre le sieur François de Luga, Damoiselle Germaine Roquelaure sa femme, & Isabelle Luga leur fille, par laquelle ayant égard aux requisitions dudit Promoteur, & pour ne rien obmettre des moyens que l'Eglise luy met en main pour le regime des ames, Il ordonne de sommer par trois diverses fois de trois jours en trois jours lesdits Luga, sa femme & sa fille, & leur enjoindre de se mettre dans les dispositions necessaires pour sortir de l'interdit dans lequel ils sont, & ensuite satisfaire à leur devoir pascal, & ce sous peine d'excommunication. Arrest du Parlement de Tholouse du 24. Mars 1662. par dé-

F

faut, par lequel faifant droit fur lefdites appellations, eft declaré y avoir abus aux ordonnances dudit Sieur Evefque d'A-
let, des 20. & 21. Janvier 1653. & 11. Aouft 1661. & ledit Sieur
Evefque condamné en l'amende de cent fols & aux dépens.
Executoire obtenu en confequence contre ledit Sieur Evefque d'Alet du vingt-quatre Avril enfuivant pour les épices
dudit Arreft. Plaintes rendües par ledit François Luga, fa
femme & fa fille le 29. Septembre 1661. pardevant Notaire à
S. Paul de Farnoilledes, de ce que les fieurs Rameau & Gaichet Curé & Vicaire dudit faint Paul auroient refufé de dire
la Meffe en leur prefence, & les auroient obligez de fortir de
l'eglife avec fcandale. Informations faites enfuite lefdits jour
& an; decrets & procedures en confequence contre lefdits
Vicaires, & leurs comparutions audit Parlement. Requefte
prefentée audit Parlement de Thouloufe par ledit Sr Evefque
d'Alet, prenant le fait & caufe pour lefdits fieurs Rameau &
Gaichet du 19. Juin 1662. & afin d'eftre reftitué contre ledit
Arreft du 24. Mars precedent, & les faifies faites à la Requefte dudit Luga pour les épices & dépens; & en caffation des
informations & decrets obtenus à leur Requefte. Lettres de
recifion obtenües par ledit Luga du 23. Aouft 1665. contre
l'acte par luy fait le 11. du mois de Juin 1663. portant remife
des dépens par luy obtenus contre lefdits Rameau & Gaichet. Plufieurs autres pieces, memoires & procedures con-
cernant l'interdit defdits Luga.

Sentence rendüe par l'Official d'Alet le prem. Septembre
1664. entre le Promoteur dudit diocefe d'Alet, Me François
Julien preftre Recteur de Quillan, par laquelle pour les caufes refultantes du procés, ledit Me François Julien preftre
Recteur dudit Quillan eft declaré avoir encouru la fufpenfe
portée par le 66. article des Ordonnances fynodales dudit
diocefe d'Alet, & enfuite eftre tombé dans l'irregularité

pour avoir celebré, * & condamné aux dépens envers ledit
Sieur Promoteur. Signification de ladite Sentence audit fieur
Julien le 2. Septembre 1664. en parlant à fa perfonne, lequel
a répondu appeller au Metropolitain de ladite Sentence, &
a figné ledit appel. Appel comme d'abus relevé au Parlement de Thouloufe le 15. Avril 1665. par ledit Julien, conte-
tenant fes moyens contre ladite Sentence de l'Official d'Alet
du premier Septembre 1664. Et contre Me Jacques Eymére
Vicaire dudit Quillan, portant deffenfes audit Official d'Alet
& au Metropolitain de Narbonne d'en plus connoiftre. Plufieurs procedures faites devant ledit Official Metroplitain de
Narbonne, & aux Parlemens de Thouloufe & de Grenoble

en confequence, & des procés verbaux & ordonnances de
vifites faites par ledit Sieur Evefque d'Alet és eglifes de Quillan, Gignolles & Belbianes les 20. & 24. Decembre 1660.
10. Janvier 1662. 2. & 3. Juillet 1663. Acte du 12. Avril 1661.
par lequel ledit Julien Curé de Quillan declare qu'il fe defifte
de l'appel par luy relevé des ordonnances dudit Sieur Evefque d'Alet faites en fa derniere vifite, & fe vouloir foûmettre
aufdites ordonnances. Sentence du Senefchal [b] de Limoux
du 29. Octobre 1663. entre ledit Julien Curé de Quillan &
ledit Sieur Promoteur en l'Evefché d'Alet, par laquelle ledit
Julien eft déchargé de la fomme de quarante livres portée
par le dernier article de l'ordonnance du Sieur Evefque d'A-
let, du 24. Decembre 1660. à la charge par ledit Julien de faire faire des creméres d'argent pour l'eglife dudit Quillan de
la valeur de ladite fomme, dans un mois conformément à fa
Declaration, du 19. Janvier 1662. dans lequel temps il fera tenu
de fatisfaire au contenu defd. ordonnances rendües en vifite
lefdits jours 20. & 24. Decembre, & 3. Juillet dernier, pour les
lieux de Quillan & Belbianes, & à celles des 10. Ianvier 1662.
& 2. Juillet auffi dernier, pour les lieux de Gignolles, dans
deux mois nonobftant oppofition ou appellation quelconques & fans prejudice d'icelles : autrement & à faute de ce
faire dans ledit temps & iceluy paffé, dés maintenant comme
pour lors fans avoir égard à l'oppofition dudit Julien, a ordonné que l'execution commencée fera continuée pour ce
qui refte ; ce faifant que les Sequeftres reïntegreront les Sergens executeurs des fruits entre leurs mains commandées à
l'inftant qu'il leur en fera fait commandement, à quoy faire
ils feront contraints par toutes voyes deües & raifonnables,
mefme par corps, pour eftre expofez en vente, & les deniers
en provenans employez fuivant & conformément aufdites
ordonnances, avec dépens envers le Sieur Promoteur. Signification de ladite Sentence audit Julien Curé de Quillan, le
5. Decembre 1663. Arreft du 13. Octobre 1665. par lequel fa
Majefté, eftant en fon Confeil, evoque à fa perfonne les differens & pourfuites faites par ledit Julien Curé de Quillan au
Parlement de Thouloufe, contre le Sieur Evefque d'Alet,
Syndic, Promoteur dudit diocefe & autres, avec leurs circonftances & dépendances, ordonne que fur iceux ledit fieur
Julien & autres qu'il appartiendra fe pourvoiront, fi bon leur
femble, pardevant les Sieurs Commiffaires deputez par
Arreft du vingt-fix Septembre dernier, pour fur leur advis &
rapport fait à fa perfonne, eftre ordonné ce qu'il appartiendra par raifon ; Et cependant deffenfes audit Julien & à tous

[b] Cette Sentence eft
encore confirmée par
l'Arreft, avec deffen-
fes audit Julien de fe
plus pourvoir pour rai-
fon de ce.

autres, de faire pour raiſon de ce aucunes pourſuites audit Parlement de Thouloûſe, circonſtances & dépendances. Et que ſur les fruits de ladite cure de Quillan, les penſions & retributions ſeront payées & continuées aux Vicaires deſdites Egliſes de Quillan, Gignolles & Belbianes ſes annexes, par ledit Julien, telles & en la meſme maniere qu'il faiſoit & a dû faire avant leſdits differens, & à ce contraint par ſaiſie & vente des fruits, & par toutes autres voyes deües & raiſonnables, nonobſtant oppoſitions ou appellations quelconques, pour leſquelles ne ſera differé.

Production dudit ſieur Eymére contenât en abregé l'hiſtoire de ſa perſecution. Voyez le Factum du Promoteur 4. Eclairciſſement.

Production de Mᵉ Jacques Eymére Vicaire dudit Quillan, & toute la procedure contre luy faite, tant en l'Officialité d'Alet que pardevant le Lieutenant Criminel de Limoux, informations, decrets, jugemens, & arreſts rendus contre luy au Parlement de Thoulouſe. Empriſonnement de la perſonne dudit Eymére dans la conciergerie de Thoulouſe le 16. Septembre 1663. Arreſt du Conſeil du 15. Octobre 1663. par lequel ledit Eymére eſt renvoyé devant l'Official d'Alet pour luy eſtre ſon procés fait & parfait, à la charge du cas privilegié pour lequel aſſiſtera le Lieutenant Criminel de la Seneſchauſſée de Limoux ; & qu'à cét effet ledit Eymére ſera conduit és priſons de l'Officialité d'Alet, & les charges & informations faites contre luy portées au Greffe d'icelle, ſans que ledit Eymére puiſſe eſtre élargy qu'avec le conſentement du Subſtitud du Procureur general en ladite Seneſchauſſée. Commiſſion obtenüe par ledit Eymére au grand Sceau le 3. Novembre 1663. pour contraindre le Greffier du Parlement de Thoulouſe de remettre au greffe de l'officialité d'Alet leſdites charges & informations contre luy. Requeſte preſentée par ledit Eymére audit Parlement aux meſmes fins. Arreſt du Conſeil obtenu par ledit Eymére du 8. Avril 1664. portant que dans un mois le Greffier criminel dudit Parlement de Thoulouſe remettra leſdites informations au Greffe de ladite Officialité d'Alet, & à ce faire contraint par corps ; & ledit mois paſſé qu'il ſera procedé au jugement du procés ſur ce qui ſe trouvera produit au Greffe. Sentences de l'Officialité d'Alet des 18. & 19. Juin 1664. portant jonction de l'inſtance d'entre ledit Eymere & ledit Julien Curé de Quillan, & celle du Procureur general de Tholouſe ; & que les informations ſeront continuées contre ledit Eymére. Appel de ladite Sentence relevé par ledit Julien en ladite Officialité de Narbonne le vingt cinq Juillet enſuivant. Sentence dudit Official de Narbonne du dix-neuf Aouſt audit an, qui deboute ledit Julien de ſes accuſations, & le condamne aux dé-

pens. Arreſt du Conſeil d'eſtat ſa Majeſté y eſtant, du 10.
Ianvier 1666. par lequel eſt ordonné que le procez verbal
du Lieutenant principal du Seneſchal de Limoux, & les informations faittes en conſequence, ſeront rapportées au Conſeil & jointes à l'inſtance principale pour y eſtre fait droit,
enſemble ſur les frais des ſaiſies & executions, ainſy qu'il appartiendra par raiſon ; & que les penſions & retributions
pour le ſervice ſeront payées & continuées aux Vicaires des
egliſes de Quillan, Gignolles & Belbianes ſes annexes, ſuivant les ordonnances de viſite, & aux taxes faittes par le
ſieur Eveſque d'Alet avant le procez d'entre luy & ledit
Promoteur d'Alet d'une part, & ledit Curé de Quillan pour
raiſon deſdites penſions ; à quoy faire ſeront contraints les
Sequeſtres par toutes voyes deües & raiſonnables meſme
par corps, ſuivant la liquidation qui en ſera faitte pour le
paſſé, par ledit Lieutenant principal de Limoux, que ſa
Majeſté a commis à cet effet, & que ce qui ſera ordonné par
ledit Commiſſaire ſera executé nonobſtant oppoſitions ou
appellations quelconques, pour leſquelles ne ſera differé.
Procez verbal fait & ſentence de liquidation rendüe par le
Lieutenant principal en ladite Seneſchauſſée de Limoux, le
8. May 1666. avec renvoy de quelques articles à ſa Majeſté
en execution dudit Arreſt du Conſeil du 15. Janvier audit
an. Cauſes de recuſation dudit Julien à l'encontre du ſieur
Eſprit Commiſſaire deputé par ledit Arreſt, & autres procedures faittes en conſequence. Requeſte* preſentée par ledit Julien au parlement de Thoulouſe le 13. May 1666. à ce
qu'il pluſt à la Cour faire deffence audit Promoteur d'Alet
& audit Lieutenant principal en la Seneschauſſée de Limoux
& à tous autres qu'il appartiendra, de proceder en vertu de
l'ordonnance de liquidation par luy rendüe, attenter ny executer ſur les fruits & revenus dudit benefice de Quillan &
autres biens dudit Julien à peine de quatre mille livres d'a-
mende & autre arbitraire, juſqu'à ce que l'appel par luy relevé au Conſeil ait eſté jugé ; & caſſer ladite ordonnance
comme attentat & entrepriſe avec dépens & amende, avec
deffenſes à l'avenir de faire telles procedures à peine de dix
mille livres : ſur laquelle auroit eſté parlé ſommairement
par le ſieur de la Roche Conſeiller commis par la Cour, fait
les deffenſes portées par ladite requeſte, & ordonne que les
nommez en icelle ſeroient aſſignez en la Cour. Signification de ladite ordonnance faitte audit ſieur Promoteur d'A-
let avec aſſignation à luy donnée au parlement de Thoulouſe à quinze jours, du 15. May 1666. Requeſte preſentée

Sentence de liquida-
tion des retributions
deües pour le ſervice
de l'egliſe & annexe
de Quillan par ledit
ſieur Julien, rendüe
par le ſieur Eſprit
Lieutenant principal
en la Senechauſſée de
Limoux Commiſſaire
deputé par Arreſt du
Conſeil d'Eſtat, la-
quelle eſt confirmée
par l'Arreſt.
* Recours dudit ſieur
Julien au parlement de
Thoulouſe contre la-
dite ſentence de liqui-
dation.

par ledit sieur Promoteur à ce qu'il plaise à sa Majesté en
cassant & annulant les deffenses faittes par ledit sieur de la
Roche Conseiller au parlement de Thoulouse comme nulles & attentatoires. Ordonner que la sentence de liquidation faite par ledit Commissaire à ce deputé sortira son plein
& entier effet ; & faisant droit sur le renvoy par luy fait à
sa Majesté de certains articles ; condamner ledit Julien à
payer ausd. Brun & Faure Vicaires de Gignolles & Belbiannes pour supplement de leurs retributions, la somme de 40.
livres, attendu qu'ils ne se sont engagez au service desdites
eglises qu'à cette condition, & au sieur Eymére la somme de
cent livres pour la nourriture du predicateur de l'année 1661.
& ce qu'il plaira à sa Majesté audit Eymére pour avoir desser-
vi en seul ladite parroisse de Quillan : au bas de laquelle
est l'ordonnance qu'en jugeant sera fait droit du 29. May
1666.

Signification dudit Arrest du Conseil du 15. Septembre
1665. faitte ausdits religieux Augustins de Caudiez du 3.
Octobre 1665. avec assignation & commandement à eux
fait en consequence de remettre dans quinzaine és mains
desdits sieurs Commissaires deputez par ledit Arrest tout
ce que bon leur semblera, avec deffenses de faire aucunes poursuites ailleurs directement ou indirectement.
Sentence rendue par ledit sieur Evesque de Vabres le 8.
Juillet 1664. par laquelle faisant droit sur l'appel & requeste
du frere Hilarion Lavaur il declare avoir bien esté appellé &
mal jugé, & reformant a déchargé ledit frere Hilarion Lavaur Prieur du convent de Caudiez ordre de saint Augustin
des demandes fins & conclusions contre luy prises par M^e
Vincent Ragot Promoteur d'Alet ; & neanmoins ordonne
que la sentence du 2. Avril dernier sortira diffinitivement à
effet ; & ce faisant auroit approuvé pour les predications &
confessions dans ledit diocese d'Alet, ledit frere Hilarion
Lavaur ayant esté cy-devant par luy examiné, faisant deffence audit Promoteur & à tous autres que besoin sera, de
luy donner aucun trouble ny empeschement sur peine d'excommunication *ipso facto*. Et à l'egard des freres de Vaux &
Neblon prestres religieux dudit convent de Caudiez ordre
susdit de saint Augustin, leur auroit permis de se presenter devant tels des seigneurs Evesques de la province que bon leur
semblera pour leur demander semblable approbation, si fait
n'a esté. Si mieux ils n'aiment se presenter à cet effet devant
luy sans neanmoins tirer à consequence pour les autres religieux à l'avenir : avec permission aux religieux dudit con-

vent de Caudiez ordre saint Augustin de faire la queste dans toute l'etendue dudit diocese d'Alet. Et ledit sieur Ragot promoteur dudit diocese d'Alet condamné aux dépens de l'instance moderez à trois cens livres, taxé pour la visite compris l'article du Conseil trente escus. Et qu'à la requeste dudit frere Hilarion Lavaur ladite sentence seroit signifiée audit sieur Promoteur d'Alet & autres qu'il appartiendra, en contraignant ledit sieur Ragot Promoteur au payement de la somme de trois cens livres de dépens, & trente escus de rapport, & ce par saisie de ses biens, vente & delivrance d'iceux, & autres voyes de droit, avec imploration du bras seculier si besoin est. Plusieurs procedures faittes par ledit frere Hilarion Lavaur pour parvenir à ladite sentence, completes suivant l'inventaire. Plusieurs pieces produites par ledit sieur Promoteur d'Alet en ladite instance pardevant ledit sieur Evesque de Vabres. Autres procedures faites pardevant les sieurs Evesques de Rieux & d'Alby Commissaires deputez par sa Sainteté sur les pretentions reciproques desdits Promoteur & Augustins de Caudiez. Saïsie faite à la requeste desdits Augustins de Caudiez du 12. Mars 1665. entre les mains de Maistre Jean Negre curé d'Oveillan, des deniers qu'il pourroit devoir audit sieur Promoteur, pour seureté de cinquante cinq livres d'une part, trente escus d'autre, & trois cens livres de depens d'autre, adjugez par ladite sentence rendue par ledit sieur Evesque de Vabres du 8. Juillet 1664.

Lettres patentes sur l'établissement des Capucins en France, des roys predecesseurs de sa Majesté, Henry III. Henry IV. & Loüis XIII. & confirmées par sa Majesté le 3. Decembre 1662. Arrest du parlement de Thoulouse du 7. Juillet 1662. rendu sur la requeste du Procureur general en iceluy, par lequel il est permis ausdits Capucins de faire leur queste & demander l'aumosne en tous les lieux où il sera necessaire dans ledit diocese d'Alet, avec deffenses de les en empescher à peine de mille livres. Arrest du Conseil du 12. May 1663. qui ordonne que ledit Arrest du parlement de Thoulouse seroit executé selon sa forme & teneur, avec les susdites lettres patentes enregistrées au parlement de Paris. Informations & adjournement personnel decreté contre Me Joseph Granier Curé de Rennes pour avoir empesché qu'on ne fist l'aumosne ausdits Capucins, & de faire leur queste. Interrogatoire dudit Granier, & Arrest du parlement de Thoulouse du 14. Février 1664. qui decharge ledit Granier dudit adjournement personnel.

Pieces pour le different des Capucins.

Plusieurs pieces, Arrests du Conseil, lettres d'evocation
sur parenté & alliance, & procedures sur l'evocation generale du parlement de Thoulouse demandée par ledit sieur
Evesque d'Alet. Enqueste pour justifier desdites parentez
& alliances que lesdits Gentilshommes dudit diocese d'Alet,
& autres ont audit parlement de Thoulouse.

Ordonnance du sieur Evesque d'Alet du 11. May 1663. sur
la visite par luy faitte au Chapitre de l'eglise cathedrale dudit
Alet les 29. & 30. Avril, premier & second dudit mois de
May audit an, par le XVI. article de laquelle sur la denon-
ciation dudit sieur Promoteur d'Alet contre Mᵉ Antoine de
Hautpoul pour n'avoir satisfait depuis deux ans à la confession annuelle, lequel auroit dit s'estre confessé à Limoux
au sacristain des religieux Augustins, auroit esté ordonné
que ledit sieur du Hautpoul satisferoit à la confession annuelle & se confesseroit au sieur Archiprestre ou autres Confesseurs approuvez pour ledit Chapitre d'Alet, dans quinzaine
aprés la signification de ladite ordonnance, à peine d'interdit qu'il encourroit *ipso facto*. Appel interjetté de ladite ordonnance & relevé pardevant l'Official de Narbonne, le 17.
May 1663. par ledit Hautpoul chanoine. Sentence du 23.
Novembre 1663. rendüe par le Vicaire general de l'Arche-
vesché de Narbonne, par laquelle il declare ledit Hautpoul
n'avoir point encouru l'interdit porté par ladite sentence
dudit sieur Evesque d'Alet; & au surplus, sans avoir egard à
l'appel dudit d'Hautpoul, les confessions par luy faittes aux
religieux Augustins de Limoux sont declarées nulles & invalides, & ordonné que l'ordonnance dudit sieur Evesque
d'Alet seroit executée selon sa forme & teneur, ce faisant que
ledit de Hautpoul satisfera à la confession annuelle, & sera
tenu de se confesser à un des Prestres approuvez par ledit
sieur Evesque pour oüir les confessions des intitulez dudit
Chapitre d'Alet, dans quinzaine, à peine de l'interdit denoncé dans ladite ordonnance. Et en cas que ledit d'Hautpoul n'auroit confiance ausdits Prestres, il pourra nommer
six Recteurs pourvûs par ledit sieur Evesque, ou Vicaires par
luy approuvez dans son diocese, pour d'iceux estre choisis
deux par ledit sieur Evesque, afin que ledit d'Hautpoul puisse
se confesser à l'un des deux suivant les regles de l'Eglise re-
quises & necessaires. Et ledit d'Hautpoul condamné aux dépens de l'appel envers ledit Promoteur moderez à quarante
livres : trente livres pour le Rapporteur, & cent sept livres
pour les Opinants. Autre ordonnance dudit sieur Evesque
d'Alet du 12. Decembre 1663. par laquelle il enjoint audit
d'Haut-

d'Hautpoul de faire apparoiſtre comme il a ſatisfait au contenu de ladite ſentence du Metropolitain, du 23. Novembre
audit an, & juſqu'à ce, luy fait deffenſes ſur peine d'excommunication *ipſo facto*, d'aſſiſter aux divins offices. Requeſte
dudit ſieur Promoteur devant ledit ſieur Eveſque de Luçon
& les autres Commiſſaires ; à ce que faiſant droit ſur les appels interjettez de ladite ſentence du 23. Novembre 1663. il
ſoit dit avoir eſté bien ordonné par ledit ſieur Eveſque d'A-
let , mal appellé par ledit ſieur d'Hautpoul , & n'y avoir
abus dans le XVI. article de l'ordonnance de viſite du 11. May
1663. & entiere procedure faite par ledit ſieur Eveſque d'A-
let, & en ce qui s'en eſt enſuivi ; & ce faiſant le renvoyer devant ledit ſieur Eveſque d'Alet pour luy eſtre pourvû ſur la
levée de l'interdit par luy encouru, ſuivant les regles de l'E-
gliſe , & le condamner en tous dépens, dommages & intereſts deſdites inſtances.

Pluſieurs autres pieces produites par leſdits Gentilshommes du dioceſe d'Alet tant pour leur ſervir de deffenſe contre les faits dont ledit ſieur Eveſque d'Alet les accuſe ; que
pour juſtifier des plaintes par eux faites en general & en
particulier contre ledit ſieur Eveſque d'Alet, & la conduite
de ſes Officiers, Curez & Preſtres.

Requeſte ᵃ dudit ſieur Ragot preſtre & Promoteur de l'e-
gliſe & dioceſe d'Alet tant pour luy, que pour le Syndic du
Clergé dudit dioceſe, & ledit ſieur Eveſque d'Alet en tant
qu'il y a & peut avoir intereſt ; Contenant qu'il n'y euſt
jamais de vexation plus injuſte que celle qu'ils ſouffrent
depuis pluſieurs années de la part de quelques Gentilshommes dudit dioceſe, parce qu'ils tachent de ſe rendre fidelles à
leur miniſtere ; & qu'encore que dans toute la ſuite de ce different ils ayent fait voir que leur conduite eſtoit conforme
aux regles de l'Egliſe, & qu'ils n'avoient point d'autres maximes que celles de l'Evangile : & qu'enfin ils ayent éclaircy ſi
en détail toutes les difficultez, ſoit par les reponſes faites par
ledit ſieur Eveſque aux premieres plaintes faites à ſa Majeſté,
deſquelles elle témoigna eſtre ſatisfaite, ſoit par les écritures du procez , qu'il n'y euſt pas ſujet de les renouveller :
neanmoins leſdits Gentilshommes appuyant inceſſamment
leurs plaintes de nouveaux faits , qu'ils ſoutiennent avec
d'autant plus de hardieſſe , que l'éloignement du dioceſe ou
la verité eſt conniüe ſemble les favoriſer dans la conjonĉture
du jugement. Leſdits ſupplians pour oſter tout pretexte de
blaſmer leur conduite & aneantir toutes ces plaintes, ont

crû qu'il eſtoit important d'en faire voir à ſa Majeſté le peu de fondement ou l'injuſtice, en luy expoſant leurs veritables [a] ſentimens & quelle eſt leur conduite ſur les matieres dont eſt queſtion.

I. Car en premier lieu pour ce qui regarde les interdictions, bien que le Canon *Omnis utriuſque ſexus* du Concile de Latran ſous Innocent III. renouvellé au Cōcile de Trente, porte indifferemment interdit contre tous ceux qui ne ſatisfont point à leur devoir Paſcal, cependant ledit ſieur Eveſque d'Alet ne les a employez, comme il ne pretend les employer à l'avenir contre ceux qui ne ſe ſont point aquitez de ce devoir, que pour des [b] cas ſpecialement ordonnez par l'Egliſe; ou qui ſont ſi graves & ſi ſcandaleux, qu'il ne pourroit s'en diſpenſer ſans ruiner entierement la diſcipline eccleſiaſtique : encore y apporte-t-il toutes les precautions & toutes les addreſſes de charité dont il peut s'aviſer, pour les reduire à leur devoir. Et il a toujours deffendu à ſes Curez d'interdire perſonne de leur chef ſe reſervant à luy ſeul l'autorité de l'ordonner, ce qu'il fait dans les cas abſolument neceſſaires, ſelon les formes canoniques par écrit; Et ſi ceux qui ont denoncé l'interdit en avoient refuſé la copie, ſçavoir l'article de l'ordonnance de viſite, & un certificat du Curé ou du Vicaire, comme ils l'ont publié par l'ordre dudit ſieur Eveſque, & autres actes faits en conſequence; ledit ſieur Eveſque d'Alet y auroit pourvû ſur leurs plaintes.

II. Pour ce [c] qui regarde le refus ou délay de l'abſolution, ledit ſieur Eveſque a ſouvent declaré aux Curez & Confeſſeurs de ſon dioceſe qu'on ne pouvoit pas refuſer l'abſolution pour de pretendus pechez, du fait deſquels le penitent ne convient pas. Il eſt vray qu'il leur a toujours recommandé la ſoigneuſe pratique des regles de l'Egliſe dans la diſpenſation des ſacremens, & ſpecialement de celuy de la penitence, pour n'en profaner point l'uſage qui eſt de ne point abſoudre, 1° tous ceux qui ſont dans l'ignorance des principaux myſteres de noſtre foy, quand on reconnoiſt que cette ignorance eſt un effet de leur negligence & manque d'affection pour ce qui regarde leur ſalut; ou que ſe ſont des perſonnes ſi groſſieres, que l'on ne peut pas les inſtruire ſur le champ. 2° Ceux qui ont pris ou retiennent injuſtement le bien d'autruy, & ne le veulent pas reſtituer ſelon leur pouvoir, en tout ou en partie; ou qui ayant fait quelque tort au prochain en ſon honneur, refuſent de le reparer. 3° Ceux qui ont quelque inimitié, & ne veulent pas ſe reconcilier

avec leurs ennemis. 4°, Ceux qui sont dans l'occasion prochaine de quelque peché, & ne la veulent pas quitter; ou
bien quand se trouvant dans un estat dangereux pour eux,
dans lequel eu egard à la disposition & à l'experience qu'on
a de leur vie passée, il leur est moralement impossible de s'empescher d'offenser Dieu mortellement, ils ne veulent pas y
renoncer. 5', Ceux qui sont dans quelque habitude de peché
mortel, & ne s'en corrigent point & ne donnent aucune
marque de leur veritable amendement. Ce sont les [a]maximes
& les regles generales qu'il a enseignées à ses Curez & Confesseurs pour differer ou refuser l'absolution à ceux qui seroient dans quelqu'un de ces cas & qui ne s'en voudroient
pas corriger, soit qu'ils s'en accusent eux [b] mesmes ou qu'ils
ne s'en accusent pas, si d'ailleurs la chose estoit notoire. Et
afinque sous pretexte de cette notorieté, quelques Confesseurs n'abusassent du droit qu'ils ont de refuser ou differer
l'absolution suivant les regles de l'Eglise. Il a eu grand soin
de les instruire de la difference qu'il y a entre certaines choses divulguées dans le public, & les choses que le droit appelle [c] notoires; & il ne leur a jamais donné d'autre no-
tion du mot de Notorieté, que celle que l'Eglise enseigne,
sçavoir une evidence si grande & si constante d'un peché,
qu'on ne peut en disconvenir dans le voisinage quelque de-
tour & quelque couleur qu'on y veüille donner, *quod nulla
tergiversatione in tota vicinia celari non potest.* Aussi les Confesseurs n'appliquent jamais cette regle de la notorieté aux
affaires [d] temporelles qui regardent les biens des familles
pour lesquels il y a procez, qui sont plutost sur des choses
obscures & douteuses, que sur des choses evidentes & notoires, parce que le penitent peut en disconvenir & croire
de bonne foy qu'il est bien fondé dans ses pretentions : &
pour lors on s'en remet entierement à sa conscience. En un
mot on ne doit point refuser, comme on ne refuse jamais
l'absolution pour des choses temporelles audit diocese que
lorsque le peché est notoire & manifeste Que s'il se trouvoit
des Confesseurs qui abusassent de la sainteté de ces regles,
y donnant un sens contraire à l'intention dudit sieur
Evesque, le penitent peut avoir recours à luy, & il sera
toujours tres disposé de luy faire justice là dessus, en luy
donnant la liberté d'aller à un autre Confesseur qui ne
luy sera pas suspect. Et c'est la conduite constante du diocese d'Alet.

G ij

[a] *C'est la pratique de ces maximes qui a porté les Gentilshommes du diocese d'Alet à se syndiquer contre leurs Pasteurs.*

[b] *Ces Messieurs les Gentilshommes trompez par quelque Casuiste ignorant, s'estoient laissé persuader qu'un Confesseur ne pouvoit jamais leur refuser ou differer l'absolution, que pour les pechez dont ils s'accusoient; de sorte qu'une de de leurs grandes plaintes estoit, que bien qu'ils ne s'accusassent pas de certains pechez, neanmoins les Confesseurs les leurs representoient, & les vouloient obliger d'y satisfaire.*

[c] *Quant à la notorieté, voyez ce qui en est dit dans l'Ecrit qui a pour titre : Reponse à quelques difficultez, &c. 1. & 2. difficulté.*

[d] *Sur les affaires temporelles, voyez ce qui en est dit dans ledit Ecrit 4e difficulté. L'eclaircissement qui est à la fin des premieres plaintes faites par lesdits Gentilshommes, preuvez. 6. & 7 le Factum, plainte 9. & Refutat. en pag. 30.*

c Voyez l'Escrit où l'on répond aux difficultez proposées par lesdits Gentil-hommes 9. difficulté de la reponse, dont cét article est l'abregé.

C'est aussy c une calomnie d'avoir avancé que ledit Sieur Evesque d'Alet fait refuser l'absolution à ceux qui ont des procés, & qui ne les veulent pas terminer par son advis. Il est vray qu'ayant reconnu par une longue experience dans le cours de ses visites, que les procés sont pour l'ordinaire la source & l'occasion des inimitiez presque irreconciliables, il a tâché d'engager les particuliers à terminer par la voye de la douceur & de l'accommodement leurs procés & differens; & il n'a épargné pour cela ny ses soins, ny ses exhortations pour les faire convenir d'arbitres, ayant toûjours evité autant qu'il a pû, d'en prendre connoissance par luy mesme, laissant ce soin à des Magistrats & autres personnes pieuses & intelligentes, soit Ecclesiastiques, soit Laïques, qui l'accompagnoient dans ses visites, ou à d'autres choisis du commun consentement des parties. Mais il est inoüy qu'on ait refusé l'absolution à personne dans le diocese, pour n'avoir pas voulu deferer aux sentimens dudit Sieur Evesque en ce qui regarde ces sortes d'affaires : ce qui est si vray qu'il y a dans le diocese quantité de personnes de toutes conditions, qui plaident en tous les tribunaux, & qui ne laissent pas d'estre admis aux sacremens.

III. Qu'il n'est pas vray que ledit Sieur Evesque d'Alet se soit voulu eriger a un troisiéme tribunal dans sa congregation pour imposer des penitences publiques. Il se contente de prescrire aux Curez & Vicaires de son diocese la maniere dont il faut imposer ces penitences, pour les proportionner à la grandeur des pechez pour lesquels on les ordonne, suivant le reglement du saint Concile de Trente, sur la demande de l'Eglise Gallicane, qui y fust portée par les Ambassadeurs de France envoyez par Charles I X. Que s'il a fait quelquesfois advertir des particuliers laïques de se trouver à sa congregation, il les y a invitez comme à une direction interieure & volontaire, & pour leur propre soulagement, dans la crainte qu'il avoit que les Curez & Vicaires n'appliquassent ses regles dans les Cas particuliers avec trop de severité, ou pour changer quelquefois la penitence publique en une penitence secrette pour le plus grand bien spirituel des penitens, suivant le mesme Concile. Au surplus on ne peut pas trouver à redire sans injustice, que ledit Sieur Evesque d'Alet tienne son officialité, & qu'il prenne connoissance par luy mesme b des affaires contentieuses, & qui se traittent ordinairement dans le fort exterieur, puis que c'est un droit qui est inseparable de son Caractere, qui est confirmé aux Evesques par tous les anciens Canons, & dans lequel ils

a C'est à quoy jamais M. d'Alet n'a pensé, & il ne s'est rien fait dans sa congregation que ce qui se fait dans celle de M. de Paris qui se tient deux fois la semaine pour le bien spirituel de son diocese.

b C'est un droit dans lequel sa Majesté maintient les Evesques par cét Arrest.

ont esté maintenus par les Declarations de sa Majesté.

IV. Il n'est pas vray qu'on impose [c] dans le diocese d'Alet des penitences publiques pour des pechez legers. On a toûjours suivy en cela l'esprit du Concile de Trente, & la pratique de saint Charles, & jamais ledit Sieur Evesque d'Alet n'a ordonné aux Curez & Vicaires de son diocese d'imposer des penitences publiques que pour de trés grands pechez publics & scandaleux, comme blasphêmes contre Dieu, yvrogneries frequentes, impuretez dont le scandale a esté public, & cas semblables, duels, travaux notables & scandaleux défendus aux jours de Festes & Dimanches, & danses publiques & scandaleuses, lors qu'elles se font d'une maniere dissolüe & impudique : Et il n'a jamais contraint personne par citation & jugement d'accepter ces penitences, qui d'ailleurs ne sont pas si rudes qu'on veut le faire croire, puis qu'elles ne consistent pour l'ordinaire qu'à demander pardon en general du scandale qu'on a donné, sans exprimer jamais en particulier le peché pour lequel on fait cette penitence.

V. Pour ce qui regarde la cessation du service divin. Il est vray que ledit Sieur Evesque d'Alet l'a ordonnée lors qu'on prophanoit par des danses [d] impudiques & honteuses, telles que sont la pluspart des danses du Païs, la sainteté des Festes annuelles, & de Patron, & encore ce n'a esté qu'aprés avoir tenté toutes sortes de voyes, pour deraciner un mal si scandaleux par luy mesme, & qui en attire tant d'autres aprés luy. Et ce qui l'a principalement obligé de se servir de ce moyen, est qu'il luy a paru que c'estoit un peché auquel toute la communauté participoit, & que les Seigneurs, les Juges, & les Consuls qui estoient obligez d'empescher ces desordres, & qui en avoient esté souvent advertis, bien loing d'y apporter quelque remede avoient autorisé ce dereglement par leur connivence, & quelquefois mesme par leur exemple. Cependant il est tout prest de se departir de l'usage de cette ordonnance, s'il plaisoit à sa Majesté d'enjoindre aux Seigneurs des lieux, aux Juges & Consuls, de tenir la main à ce que les Ordonnances d'Orleans & de Blois fussent executées de poinct en poinct, à peine d'en répondre en leur propre & privé nom, & autres peines portées par lesdites Ordonnances, & conformément aux Conciles & saints Decrets.

VI. Pour ce qui regarde le choix des [e] Confesseurs. Comme d'un costé ledit Sieur Evesque selon l'esprit de l'Eglise souhaitte que ses diocesains s'adressent autant que faire se peut à leurs Curez, & qu'il les y exhorte de tout son pou-

---

[c] *Pour ce qui est des penitences publiques, voir ce que M. d'Alet en a dit dans la réponse à la seconde des premieres plaintes de la Noblesse. & le Factum, premiere partie, page 24. 25. & 26. & seconde partie pag. 30.*

[d] *Voyez la premiere partie du Factum 5. Eclaircissemens page 113. & suiv.*

[e] *Il ne faut que voir les conferences du diocese depuis 25. ans, qui sont entre les mains de tout le monde, &*

la lettre pastorale qui se lit tous les ans au prosne le premier Dimanche de Caresme, pour estre persuadé que cet article ne contient rien que la pratique commune du diocese. Aussy MM. les Nobles si feconds en actes n'en ont-ils sceu apporter aucun pour montrer qu'on se soit jamais plaint à M. d'Alet qu'un Curé eust refusé cette liberté. Aussy n'est-ce pas là leur difficulté sur cet article. ils ont crû 1° qu'ils n'avoient pas besoin de la permission de leur curé pour aller se confesser où bon leur sembleroit. 2° Que leurs Curez leur devoient donner la permission d'aller à qui ils voudroient; sans se mettre en peine si ceux à qui ils les renvoient avoient LA PIETÉ ET LA CAPACITÉ NECESSAIRE *pour les aider à faire une bonne confession, afin qu'ils se peussent choisir des ignorans ou des vicieux, qui leur donnassent une absolue ou facile ge, comme si leurs Curez estant chargez de leurs ame, n'devoient pas chargez à les adresser à des personnes de la pieté & capacité desquels ils fussent assurez?*

a Il ne se peut rien adjouster à ce qui est dit dans les conferences du diocese sur cette matiere, sur lesquelles est de charité, de douceur, de fermeté & de prudence rendue aux Confesseurs, & les gens d'honnestes aussy en ont esté desconvenir, s'est en contenez de dire que la pratique n'estoit pas conforme aux regles.

b C'est ce qu'a Mr. d'Alet lettres repeté n'a pas faict à la premiere des plu... cette Noel se presentées au Roy par le P. ..., a. 9. & ce qu' a encore esté dit en la seconde ... du Factum page 37 & suivantes.

voir; Il a eu de l'autre un grand soin d'ordonner aux Curez d'accorder facilement à leurs paroissiens la permission d'aller se confesser à d'autres, qui eussent la pieté & la capacité necessaires pour les ayder à faire une bonne confession. Si bien qu'outre ceux qui sont approuvez generallement par tout le diocese ausquels on peut aller en tout temps sans qu'il soit besoin de nouvelle permission, ils peuvent encore s'adresser à un grand nombre de Confesseurs avec la permission de leurs Curez; & en cas que les Curez y fissent difficulté ils sont en droit de recourir audit Sieur Evesque, qui sera toûjours tres disposé comme il l'a esté pour le passé, (declarant ne vouloir & ne devoir refuser) de leur donner le choix d'un nombre considerable de Confesseurs dont ils n'auront point sujet de se plaindre, & pour qui ils ne témoigneront point de repugnance.

VII. Que c'est aussy une calomnie d'accuser les Prestres de refuser d'écouter les confessions, & de rejetter rudement du confessionnal ceux qui si presentoient sincerement. Ledit Sieur Evesque d'Alet a toûjours adverty les Curez d'écouter a avec charité & avec douceur ceux qui demanderoient d'estre entendus, & il y a bien de l'apparence que c'est plûtost du juste refus ou delay d'absolution dont on se plaint, que du refus d'écouter la confession; & si on luy avoit porté cette plainte il auroit esté, comme il le sera toûjours, trés disposé d'en faire justice; mais qu'il supplie trés humblement sa Majesté d'empescher par son autorité le scandale & l'abus insupportable de quelques pecheurs endurcis, qui ont la hardiesse de se presenter aux Prestres jusques dans les Eglises & les confessionnaux mesmes, avec des notaires ou des sergens; & de les sommer en un lieu si saint de leur donner l'absolution, qu'on ne peut pas leur accorder tant qu'ils demeureront dans leur impenitence, sauf à eux audit cas de se pourvoir pardevers ledit Sieur Evesque.

VIII. Quant aux confessions faites durant le cours de l'année hors du diocese, mesmes à des reguliers non approuvez dudit Sieur Evesque d'Alet. Ce Prelat s'est b déja expliqué qu'il n'a jamais declaré nulles & invalides, & n'a point fait reïterer les confessions de ceux qui se trouvent de bonne foy hors du diocese, comme par exemple pour des voyages, pour des affaires, & autres occasions. Il sçait que c'est l'usage universel confirmé par le consentement de tous les Evesques pour la commodité publique; mais on a fait reïterer seulement les confessions de ceux qui estoient allez hors du diocese pour estre receus sans changer de vie, & sans se convertir, en un mot *in fraudem, dedita operâ*, en fraude & exprés pour pouvoir plus facilement déguiser leurs pechez à des Confesseurs inconnus, pour se dispenser des veritables regles de la conscience, & pour se souftraire à la penitence que leurs pechez meritent.

IX. Quant aux droits honorifiques : Ledit Sieur Evesque d'Alet n'a jamais pretendu empescher que les Patrons, Fondateurs des Eglises, & Seigneurs hauts justiciers, ne jouïssent des droits, honneurs, & prerogatives, comme litres, sepultures, & autres semblables ; lors qu'ils leur appartiennent incontestablement, en vertu des concessions particulieres de l'Eglise, des Ordonnances du Royaume, & des Arrests des Cours Souveraines. Il est vray que ledit Sieur Evesque a souhaitté qu'on ne mist point d'armes & d'escussons au dedans desdites Eglises ; & qu'il a aussi donné advis aux Dames de quelques lieux de se mettre à la teste du rang des femmes, encore ce n'a esté qu'aprés avoir reconnu qu'elles estoient en disposition de l'écouter. Mais il est trés faux qu'on leur ait refusé les Sacremens pour cela, ou que ledit Sieur Evesque ait pretendu priver de son autorité les Seigneurs & Dames des lieux des honneurs & places qui leur appartiennent legitimement dans les Eglises.

X. Pour ce qui est [c] des Danses, Cabarets, & de la prophanation des Festes & Dimanches. On ne soûtient l'ordonnance du Seneschal de Limoux confirmée par Arrest du Parlement de Grenoble, que parce qu'elle est conforme aux Ordonnances d'Orleans & de Blois ; sçavoir pour les danses aux articles 23. d'Orleans & 38. de Blois, pour les Cabarets aux articles 25. d'Orleans & 38. de Blois, & pour la sanctification des Festes aux Ordonnances de Charles IX. du mois de Janvier 1561. & celle de Henry III. de 1588. dont on supplie sa Majesté de vouloir ordonner l'execution, avec injonction aux Seigneurs, Juges, & Consuls d'y tenir la main à peine d'en répondre en leurs propres & privez noms.

XI. Quant à la Requeste des Capucins : n'estant point du diocese, ils n'ont aucun droit d'y quester ; Neanmoins ledit Sieur Evesque a déja declaré [d] qu'il ne leur avoit point refusé la permission de quester dans son diocese dans leurs besoins, quand ils estoient venu la luy demander avec soûmission. Et il est toûjours prest de la leur accorder dans leurs necessitez, pourveu qu'ils se tiennent dans le respect qu'ils luy doivent, & qu'ils ne decrient pas sa conduite au milieu de son diocese.

[c] *Voyez le 5. Eclaircissement de la premiere partie du Factum.*

[d] *Dans la premiere réponse à la premiere des plaintes de cette Noblesse de l'année 1662.*

XII. Pour les accufations de la manifeftation des cas dans les predications, du refus injufte & fcandaleux de l'Euchariftie , & de la revelation des confeffions : fi ces plaintes eftoient vrayes, & qu'on les euft portées audit Sieur Évefque d'Alet ou à la juftice Ecclefiaftique, on en auroit fait une punition exemplaire : & auffy peut-on dire qu'on n'en rapporte aucune preuve valable.

XIII. Quant aux plaintes de l'omiffion des prieres pour fa Majefté, elles font affez refutées par l'attachement inviolable à fon fervice que ledit Sieur Evefque a toûjours eu dans le cœur, & qu'il a fi bien infpiré à ceux qui fe font foûmis à fa conduitte, qu'il en reftera à la pofterité des exemples fignalez qui apprendront aux Princes par des raifons plus perfuafives que les paroles, quelle doit eftre leur fidelité envers leur Souverain. On fait dans le diocefe d'Alet des prieres publiques pour fa Majefté dans tous les profnes ; on en fait dans toutes les Meffes & publiques & particulieres: Et il y a fujet de s'étonner qu'on ait eu la hardieffe de porter cette plainte jufques à Majefté, puis qu'il eft conftant que ledit Sieur Evefque s'eft toûjours conformé pour ce regard, à l'ufage de fon Eglife Metropolitaine.

XIV. Quant à l'excommunication dudit fieur de Rafiguieres ledit Sr Evefque s'eft déja expliqué [c] de la peine qu'il avoit eu de s'y refoudre, & il n'y a point de voye qu'il n'aye tenté pendant plus de douze ans pour le ramener à fon devoir, avant que d'employer ce remede extrême, dont il a tâché de fe fervir dans toutes les formes prefcrites par les Canons. Mais comme il a toûjours eu pour luy des entrailles de pere & de pafteur, il eft toujours prés de l'accueillir charitablement, & de luy accorder l'abfolution de l'excommunication, dans la confiance qu'il a qu'il n'y viendra qu'avec une vraye repentence, & un defir fincere de changer de conduitte. Que fi ledit Sieur Evefque a fait difficulté en cette occafion, comme en quelques autres, de defferer aux Arrefts dudit Parlement de Thouloufe, qui ordonnoient à des Ecclefiaftiques qui n'avoient aucune autorité ny jurifdiction fur les excommuniez & interdits, de donner des abfolutions à cautelle : C'eft qu'il a crû en confcience ne pouvoir reconnoiftre ces abfolutions ordonnées par ledit Parlement contre les faints Canons, Ordonnances, & Ufages du Royaume, & Declaration de fa Majefté : Et c'eft ce qui l'engage de fupplier trés humblement fadite Majefté d'enjoindre que la Declaration qu'elle a donnée fur ce fujet, foit executée dans toute fon étendüe, & qu'il foit deffendu audit Parlement

ment de faire un autre ufage de cette abfolution , & de les ordonner d'autre maniere que celle qui eft portée dans ladite declaration. Et que ledit fieur [a] Evefque & fon Official ne pourront eftre obligez de decerner Cenfures & Monitoires s'ils ne jugent la caufe grave fuivant les faints Canons & les Ordonnances.

XV. Quant au fieur de Rennes & generalement à tous ceux qui font interdits pour n'avoir pas fait leur devoir Pafcal ledit fieur Evefque d'Alet n'a defiré autre chofe d'eux pour lever leur interdit, fi ce n'eft qu'ils fe prefentaffent humblement à luy pour cet effet; & il eft toujours preft de leur accorder cette grace quand ils fe prefenteront, & de leur donner enfuite des Confeffeurs non fufpects pour fatisfaire à leurs obligations, ne doutant pas que l'indulgence paternelle qu'il a pour eux en cette occafion ne les engage à fe reconnoiftre.

Le furplus eftant au long expliqué dans les écritures des Supplians ce feroit abufer l'audience de fa Majefté que d'en parler, c'eft pourquoy il ont cette confiance en l'equité de fadite Majefté & en leur bon droit ; que ce que deffus confideré il luy plaira leur accorder les fins & conclufions par eux prifes ; & qu'ils continüeront leurs prieres pour la profperité & fanté de fa Majefté. Au bas de laquelle requefte eft l'ordonnance du 23. Juin 1666. portant , en jugeant fera fait droit.

Requefte prefentée par les Gentilshommes du diocefe d'A'let , contenant que fur le point du jugement des plaintes & de l'inftance principale qu'ils ont contre le Clergé dudit diocefe, laquelle il a plû à fa Majefté evoquer à fa perfonne pour terminer & décider les differens des parties & mettre le repos dans ledit diocefe. Mre Vincent Ragot preftre Promoteur de l'evefché d'Alet a prefenté une requefte, tant en fon nom, que du Syndic dudit Clergé, & fous le nom dudit fieur Evefque, dans laquelle il a tafché de fatisfaire par les maximes [b] contenües en fa requefte aux principaux chefs des plaintes des Supplians. De forte que par là fa Majefté peut connoiftre l'obligation & la neceffité qu'il y a eu de demander un reglement pour tout le peuple du diocefe, ce qui juftifie affez que les plaintes des Supplians font legitimes, qu'elles ne font pas calomnieufes , & qu'ils n'ont jamais refufé de fuivre & prattiquer les veritables maximes qui s'obfervent dans tous les diocefes du royaume. A CES CAUSES, & attendu que les plaintes defdits Gentilshommes font juftifiées par les pieces produites en l'inftance , & parceque ledit Ragot a

H

---

a Ces Messieurs ont raison de demander que le reglement qui interviendra, soit execué par toutes voyes, & qu'il plaise à sa Majesté d'employer à c t effet son autorité royale : car la foiblesse du cœur humain est si grande, qu'il pourra bien arriver que dans la suite ces Messieurs improuveront ce qu'il approuvent maintenant, ainsy c'est agir avec prudence que de se lier si étroisement à l'execution, qui ne manquera jamais du costé de M. a'Alet ny de ses Curez & prestres Dieu aydant. Productions des Parties en general.

Avis de Mrs les Commissaires doné aprés avoir employé trente deux sceances à examiner les differens des Parties.

b C'est à dire la requeste cy dessus rapportée du 23. Iuin 1666. Ce qui siruira pour les autres articles cy-apres.

dit à la reponse desdites plaintes, & par les maximes expliquées dans la requeste qu'il a presentée ; Il plaira a sa Majesté pourvoir ausdits Gentilshommes & à tout le peuple du diocese sur chacune desdites plaintes, d'un reglement necessaire pour la conduite dudit diocese, & ordonner qu'il sera executé sans qu'il y puisse estre contrevenu pour quelque cause & pretexte que ce soit. Et à cette fin lesdits a Gentilshommes supplient sa Majesté d'employer son autorité royale pour faire executer ledit reglement par toutes sortes de voyes canoniques, seculieres & regulieres ; & qu'ils continüeront leurs prieres pour la prosperité & la santé de sa Majesté & pour la gloire de son Estat. Au bas de laquelle est l'Ordonnance du 26. Juin 1666. portant qu'en jugeant sera fait droit.

Ecritures, requestes & productions dudit sieur Evesque Scyndic du Clergé & du sieur Promoteur de l'Eglise & dudit diocese d'Alet, & Gentilshommes d'iceluy, desdits sieurs de Rasiguiéres, de Sournia, du Vila Pomenc, de Nebias, Luga, Hautpoul chanoine, Julien Curé de Quillan, Eymére, Augustins de Caudiez, Capucins de Limoux, Calabre & autres.

Veu aussy par sa Majesté l'Avis desdits sieurs Commissaires, par lequel sous le bon plaisir de sa Majesté ils sont d'avis ; Que faisant droit sur toutes les contestations & requestes des parties, mesme sur celle des 23. & 26. Juin 1666. sur l'opposition formée par ledit sieur de Nebias à l'Arrest du Parlement de Grenoble du 11. Decembre 1664. & appel interjetté de ladite sentence du Senefchal de Limoux du 23. Juin 1664. par le nommé Perdigau & autres habitans de Sournia, les parties soient mises hors de cour & de procez ; ce faisant, suivant la b declaration dudit sieur Evesque d'Alet, qu'on ne cessera plus à l'avenir le service divin dans les eglises dudit diocese d'Alet pour raison des danses, mais que conformement à l'ordonnance d'Orleans art. 23. & de Blois art. 38. & autres ; Deffenses soient faites à toutes personnes de quelque qualité & condition qu'elles soient, de tenir aucunes foires & marchez, ny faire danses publiques és jours de dimanches & festes annuelles & solemnelles ; & à l'égard des cabartiers & taverniers, que l'article 25. de l'Ordonnance d'Orleans, & 38. de celle de Blois seront executez ; le tout à peine d'amende arbitraire pour la premiere fois, & de prison pour la seconde : & deffenses à toutes personnes de charier ou faire charier, & mesurer bled, ou faire aucun ouvrage servil és jours de dimanches & festes, sur les peines portées par lesdites Ordonnances , sinon en cas de necessité, & ainsy qu'il a accoutumé de se pratiquer. Et qu'il soit enjoint aux Juges & Procureurs de sa Majesté , aux Consuls & autres Officiers de justice des Seigneurs particuliers d'y tenir la main, avec deffenses aux Seigneurs des lieux d'y contrevenir. Mesme qu'il soit fait deffenses en quel temps que ce soit de faire aucunes danses publiques dissoluës & scandaleuses, le tout à peine d'estre procedé contre les contrevenans suivant la rigueur desdites Ordonnances, mesme contre lesdits Juges en cas de connivence. Qu'A L'EGARD des appellations comme d'abus interjettées au Parlement de Thouloufe par les sieurs de Rafiguiéres, de Rennes, Hautpoul chanoine, & Luga , les parties sous le bon plaifir de sa Majesté, soient mises hors de cour & de procez. Et en consequence sa Majesté peut ordonner sans s'arrester aux Arrests du Parlement de Thoulouse du 13. Octobre & 23. Novembre 1661. 4. & 8. Février, 8. & 24. Mars, 1. Avril & 19. Juin 1662. 18. Avril 1665. Procedures, informations, decrets & emprisonnemens faits en consequence contre les Curez du Vivier & du Puy-laurens, Granier, Rameau, Gaichet & autres. Que lesdits sieurs de Rafiguiéres, de Rennes, d'Hautpoul chanoine, du Vila & autres interdits, se pourvoiront pardevant ledit sieur Evesque pour obtenir l'absolution de l'excommunication & & levée des interdits chacun à leur egard, & en cas de refus se retireront par devers le Metropolitain. Et qu'à l'avenir les absolutions *ad cautelam* ne pourront estre octroyées que par les formes de droit. Et qu'aucunes Censures & Monitoires ne seront decernées par ledit sieur Evesque ou son Official , sinon pour causes graves : le tout suivant les saints Canons, Ordonnrnces d'Orleans & la declaration de sa Majesté du mois de Mars 1666. Sa Majesté pourra aussy ordonner sous son plaisir, que ledit sieur Evesque d'Alet & Curez seront déchargez des dépens portez par lesdits Arrests & executoires dudit Parlement, mesme ledit sieur Evesque à l'egard dudit Luga, nonobstant & sans avoir egard aux lettres de rescision par luy obtenües. Avec deffenses de troubler lesdits Curez dans la perception des fruits de leurs Cures, ausquels sa Majesté accordera la main levée des saisies faittes en vertu desdits Arrests dudit Parlement de Thouloufe. ET A L'EGARD de l'appellation comme d'abus relevée audit Conseil par ledit sieur Evesque d'Alet & ledit Promoteur en l'affaire du sieur du Vila Pomenc, sa Majesté peut ordonner que les parties seront mises hors de cour & de procez , & ledit Promoteur déchargé des vingt-quatre escus d'épices,

H ij

aufquels il eft condamné par ladite fentence du 11. Septembre 1661. & que ledit fieur du Vila fe retirera par devers ledit fieur Evefque d'Alet, pour luy eftre pourvû tant fur l'interdit que d'un Confeffeur non fufpect, afinqu'il puiffe fatisfaire à fon devoir Pafcal; & en cas de refus par le fieur Evefque de luy accorder ledit Confeffeur, pourra fe pourvoir par devers & à qui il appartient de droit. ET SUR l'appel comme d'abus relevé audit Confeil par ledit Promoteur & ledit fieur Evefque, en l'affaire des freres Hilarion Lavaur, Neblon & de Vaux, Auguftins de Caudiez, fa Majefté y faifant droit peut ordonner conformement aux Canons, & en execution d'iceux, que lefdits Lavaur, Neblon, & de Vaux, Auguftins de Caudiez, & autres Reguliers ne pourront s'ingerer d'écouter les confeffions, ny prefcher dans les eglifes du diocefe d'Alet qui ne font pas de leur Ordre, fans en avoir obtenu la permiffion dudit fieur Evefque d'Alet; qu'ils ne pourront prefcher dans les eglifes de leur Ordre, fans s'eftre prefentez en perfonne devant ledit fieur Evefque pour luy demander fa benediction; comme auffy ne pourront prefcher mefme dans lefdites eglifes de leur Ordre contre la volonté dudit fieur Evefque. ET SUR la requefte prefentée par lefdits Capucins des diocefes voifins fa Majefté peut ordonner que lefdits Capucins feront tenus de fe prefenter avec refpect devant ledit fieur Evefque pour luy faire connoiftre leurs befoins, lequel fuivant ladite declaration leur donnera ladite permiffion de quefter, fans que lefdits Capucins puiffent s'ingerer dans les affaires & conduite du diocefe d'Alet en quelque forte & maniere que fe puiffe eftre, & fans qu'ils puiffent faire ladite quefte fans avoir obtenu ladite permiffion. ET A L'EGARD de l'appellation comme d'abus interjettée par ledit Julien de la fentence de l'Officialité d'Alet du premier Septembre mille fix cens foixante quatre, fa Majefté peut mettre les parties hors de cour & de procez, & décharger ledit Eyméré de l'accufation à luy intentée, ordonner que fon emprifonnement fera declaré nul, qu'il fera élargi purement & fimplement defdites prifons, & que fon écroüe fera rayé & biffé. Que ledit Julien fera tenu d'avoir le nombre de Preftres qu'il eft obligé pour le fervice de Quillan, Gignolles, & Belbiannes; qu'il fera pris par preference fur les fruits de ladite cure les retributions qui feront données aufdits Preftres lefquels deferviront lefdites annexes de Gignolles & Belbiannes, à raifon de cent quatre-vingt livres chacun par an; & pour ce qui eft du paffé, la liquidation faitte le 8. May dernier par le fieur

Commiſſaire deputé par Arreſt du Conſeil, du 15. Janvier
1666. ſera executée ſelon ſa forme & teneur, avec injonction
au Seneſchal de Limoux, & aux Conſuls de Quillan d'y tenir
la main: Et que ſans s'arreſter à l'appel interjetté par ledit
Julien de la Sentence du Seneſchal de Limoux du 29. Octobre
1663. touchant les reparations & ornemens deſdites Egliſes
& autres, ſera executée, & que deffenſes ſeront faites audit
Julien de ſe plus pourvoir pour raiſon de ce. Et pour ce qui
concerne la ſuſpenſion portée par la Sentence de l'Officialité
d'Alet dudit jour premier Septembre 1664. dont ledit Julien
eſt appellant comme d'abus; ſa Majeſté pourra ſous ſon bon
plaiſir, mettre ſur ledit appel les parties hors de cour & de
procés, ſauf audit Julien de ſe pourvoir pour raiſon de la levée de la ſuſpenſe & dépenſe de l'irregularité, pardevant &
à qui de droit il appartient. ET POUR faire droit ſur la Requeſte du Syndic du Clergé du 14. May dernier touchant le
fonds des places pour baſtir les Egliſes dudit dioceſe; ſa Majeſté peut renvoyer pour y faire droit, au Juges qu'il luy
plaira donner audit Sieur Eveſque d'Alet, pour le jugement
des affaires ou il ſera partie, ſes officiers & domeſtiques, & le
Promoteur dudit dioceſe. POUR l'evocation generale du Parlement de Thoulouſe & renvoy en un autre Parlement, demandée à ſa Majeſté par ledit Sr Eveſque d'Alet tant pour ſes
affaires, que celles de ſes officiers & domeſtiques, ſa Majeſté
peut accorder le renvoy des procés & differens dudit Sr Eveſque d'Alet, ſes officiers & domeſtiques, à la premiere Chambre des Enqueſtes de Thoulouſe, luy en attribuer à cét effet
toute cour, juriſdiction, & connoiſſance, & l'interdire à tous
autres. SA MAJESTE' peut auſſy faire deffenſes aux Gentilshommes dudit dioceſe d'Alet, & à tous autres, de ſe pourvoir à l'avenir contre leur Eveſque & Curez, par la voye du
ſyndicat, ſauf neanmoins aux particuliers en cas de plainte,
de ſe pourvoir par appel ſimple, ou par appel comme d'abus
ainſi qu'il appartiendra. QUANT à ce qui regarde la tenüe
des aſſiettes en la ville d'Alet, ſa Majeſté peut renvoyer aux
Commiſſaires preſidens aux prochains Eſtats, & à l'aſſemblée deſdits Eſtats de ladite Province, pour donner leur avis
ſur le contenu en ladite demande, & iceluy veu & rapporté
en ſon Conſeil, y eſtre pourveu. SA MAJESTE' peut ordonner que ledit Sieur Eveſque d'Alet, ne pourra traitter & connoiſtre dans ſa congregation d'aucune affaire contentieuſe
par citation ou autrement, mais ſeulement en ſon Officialité, laquelle il pourra luy meſme tenir, ſuivant & conformément à la Declaration de ſa Majeſté, du mois de Mars 1666.

Pour ce qui regarde les droits honorifiques, sa Majesté peut ordonner que les Patrons, Fondateurs des Eglises, Seigneurs hauts justiciers, & autres joüiront plainement & paisiblement des droits, honneurs, & prerogatives, comme lytres, sepultures, & autres semblables, qui leur appartiennent legitimement, en vertu des concessions particulieres de l'Eglise, des Ordonnances du Royaume, & des Arrests des Cours Souveraines, avec deffenses de les troubler dans la possession & joüissance desdits droits honorifiques. Comme aussy sa Majesté peut ordonner en execution des saints Canons, & conformément à la declaration [a] dudit Sieur Evesque d'Alet & du Promoteur de son diocese ; que les Interdits ne seront decernez contre les particuliers, que dans des cas graves & scandaleux, ou specialement ordonnez par l'Eglise, & ce selon les formes canoniques & par écrit, lesquels les Curez ne pourrôt denoncer sans un ordre exprés dudit Sieur Evesque. Et seront ensuitte tenus lesdits Curez ou Vicaires de donner copie par écrit desdits Interdits. Sa Majesté peut faire deffenses à toute sorte de personnes de quelque qualité & condition que ce puisse estre, de faire dans le confessionnal, ny mesme dans les Eglises, aucuns actes de sommation ausdits Curez & Vicaires, & autres Confesseurs, d'écouter les confessions, de leur accorder l'absolution, ou même de dire les causes de leur refus ; & à tous Notaires, Huissiers & Sergens, de faire de telles sommations dans les Eglises à peine de cinquante livres d'amende pour la premiere fois, & de six mois d'interdiction pour la seconde. Et suivant les ordres de l'eglise & la declaration dudit Sieur Evesque d'Alet, Syndic du Clergé, & Promoteur dudit diocese, portée dans sa Requeste du 23. Juin 1666. ledit Sieur Evesque, ses Curez, Vicaires, & autres Confesseurs n'imposeront des penitences publiques que pour des grands pechez publics & scandaleux, & lesdits Confesseurs ne pourront contraindre les penitens par citation ou jugement, d'accepter lesdites penitences. Pour ce qui regarde le refus d'écouter les confessions, & le refus de l'absolution, suivant la declaration dudit Sieur Evesque, & Promoteur ; les Curez, Vicaires, & autres Confesseurs ne pourront refuser d'écouter les confessions de ceux qui se presenteront à eux, ny refuser l'absolution pour de pretendus pechez qui ne sont pas notoires & manifestes, & du fait desquels les penitens ne conviennent pas : autrement pourront lesdits penitens se pourvoir pardevers ledit Sieur Evesque, lequel suivant sadite declaration, ne pourra leur refuser la liberté d'aller à un autre Confesseur de son diocese qui ne leur sera point suspect, sauf aus-

dits penitens en cas de refus dudit Sieur Evefque , de fe pourvoir pour obtenir lefdits Confeffeurs non fufpects dudit diocefe , pardevers , & à qui de droit il appartient. POUR le
choix des Confeffeurs, en execution des faints Canons, &
fuivant ladite declaration dudit Sieur Evefque ; les Curez
accorderont facilement à leurs paroiffiens la permiffion d'aller fe confeffer à d'autres Confeffeurs dudit diocefe , qui auront la pieté & la capacité neceffaires pour leur ayder à faire
une bonne confeffion ; & en cas que lefdits Curez y faffent
quelque difficulté, lefdits paroiffiens pourront recourir audit
Sieur Evefque, qui fera tenu fuivant ladite declaration , de
leur donner le choix d'un nombre confiderable de Confeffeurs de fon diocefe dont ils n'auront point fujet de fe plaindre & pour qui ils ne témoigneront point de repugnance, &
en cas de refus par ledit Sieur Evefque , ils pourront fe pourvoir pardevers , & à qui de droit il appartient. QUANT aux
confeffions faites dans le cours de l'année hors du diocefe,
mefme à des reguliers non-approuvez dudit Sieur Evefque
d'Alet, fuivant fa ᵇ declaration & l'ufage de toute l'Eglife, les confeffions qui fe font de bonne foy hors du diocefe , ne feront jamais reïterées , mais feulement celles qui fe feront en fraude , *In fraudem, dedità operà.* Et fur le furplus de tou- tes les demandes & plaintes des parties , fa Majefté pour con- ferver la paix & entretenir la bonne correfpondance & union dans ledit diocefe d'Alet, peut fous fon bon plaifir, mettre les parties hors de cour & de procés , fans dépens, dommages & interefts , refpectivement pretendus ou adjugez aufdites parties ; Et tout confideré.

ᵇ *Dans la réponfe qu'il fit à la premiere des plaintes de cette Nollffe page 9 & en la Requifte cy deffus.*

LE ROY ESTANT EN SON CONSEIL conformément audit Avis : Faifant droit fur toutes les con- teftations & Requeftes des parties , mefmes fur celles des 23. & 26. Juin 1666. & fur l'pppofition formée par ledit de Ne- bias à l'Arreft du Parlement de Grenoble du 11. Decembre 1664. & à l'appel interjetté de la Sentence du Senefchal de Limoux du 23. Juin 1664. par les nommez Perdigau & au- tres habitans de Sournia, A mis & met les parties hors de cour & de procés ; ce faifant ORDONNE fuivant la de- claration dudit Sieur Evefque d'Alet, qu'à l'avenir le fervice divin ne ceffera plus dans les Eglifes dudit diocefe d'Alet pour raifon des danfes és jours de Feftes & Dimanches. SA MAJESTE' conformément à l'Ordonnance d'Orleans article 23. & à celle de Blois article 38. Faifant ¹ inhibitions & deffenfes à toutes perfonnes de quelque qualité & condition qu'elles foient, de tenir aucunes foires ² & marchez, & de faire

DISPOSITIF DE L'ARREST.

¹ Danfes publiques de- fendües les Feftes & Dimanches.
² Foires , marchez & debite publique de marchandifes & dan- rées, deffendües les Fe- ftes & Dimanches.

3 Deffenses de frequenter les Cabarets & Tavernes les dimanches & festes pendant les offices, & aux domiciliez des lieux en tout temps & jours.

4 Tout œuvre servile deffendüe les dimanches & festes : comme vente & debite de denrées à boutiques ouvertes.

5 Injonction aux Officiers & Seigneurs de tenir la main à l'execution desdits Ordonnances.

6 Danses dissoluës & scandaleuses prohibées en tout temps, avec injonction aux Magistrats de les empescher, à peine de suspension d'estat & privation d'iceux.

7 Les Sieurs de Rasiguiéres, de Rennes, d'Hautpoul chanoine, & Luga deboutez des Appels comme d'abus par eux interjettez.

8 Arrests & procedures du Parlement de Thoulouse tant contre M. l'Evesque d'Alet que les Curez du Vivier, de Puy-lau-

danses publiques és dits jours de dimanches & festes annuelles & solemnelles. Et à l'egard des Cabaretiers & Taverniers, ORDONNE que les articles XXV. 3 de l'Ordonnance d'Orleans, & XXVIII. de celle de Blois seront executez : le tout à peine contre les contrevenans d'amende arbitraire pour la premiere fois, & de prison pour la seconde. 4 Avec deffenses aussy à toutes personnes de charier, ou faire charier, & mesurer bled, ou faire aucun ouvrage servil és jours de dimanches & festes, sur les peines portées par les Ordonnances, sinon en cas de necessité, & ainsy qu'il est accoutumé de se prattiquer. 5 Enjoint sa Majesté à tous ses Juges, Procureurs, aux Consuls & Officiers des justices des Seigneurs particuliers d'y tenir la main, avec deffenses aux Seigneurs de lieux d'y contrevenir. 6 Comme aussy sa Majesté fait tres expresses inhibitions & deffenses de faire en quelque temps que ce soit, aucunes danses publiques dissoluës & scandaleuses, à peine d'estre procedé contre les contrevenans suivant la rigueur des Ordonnances, mesme contre lesdits Juges & Procureurs de sa Majesté en cas de connivence.

A L'EGARD des appellations comme d'abus 7 interjettées au Parlement de Thoulouse par les sieurs de Rasiguiéres, de Rennes, Hautpoul chanoine, & Luga ; sa Majesté a mis & met les parties hors de cour & de procez : ce faisant ordonne, sans s'arrester aux 8 Arrests dudit Parlement des 13. Octobre, 23. Novembre 1661. 4. & 8. Fevrier, 8. & 24. Mars, 1. Avril & 19. Juin 1662. 18. Avril 1665. procedures & informations, decrets & emprisonnemens faits en consequence contre les

---

ORDONNANCES citées dans le premier Article cy-dessus, desquelles sa Majesté ordonne l'execution.

Deffendons à tous Juges de permettre qu'és jours de dimanches & festes annuelles & solemnelles, aucunes foires & marchez soient tenus, ny danses publiques faittes : & leur enjoignons de punir ceux qui y contreviendront. *Ordonnance d'Orleans Art.* 23.

Deffendons à tous les Cabaretiers & Taverniers de recevoir és heures du service divin aucunes personnes de quelque qualité qu'ils soient. Et à tous Manans & Habitans des villes, bourgades & villages, mesme à ceux qui sont mariez & ont ménage, d'aller boire ou manger es tavernes & cabarets ; & ausdits Taverniers & Cabaretiers de les y recevoir à peine d'amende arbitraire pour la premiere fois, & de prison pour la seconde. Enjoignons à tous juges de ne permettre qu'il soit aucunement contrevenu au contenu cy-dessus, à peine de suspension d'estat, & privation d'iceux en cas de longue dissimulation & connivence. *Ordonnance d'Orleans Art.* 25.

Enjoignons à tous nos Juges de faire garder & observer étroitement les deffenses portées par les Ordonnances faittes à Orleans tant pour le regard des foires, marchez & danses publiques és jours de festes, que contre les Joüeurs de farces, Basteleurs, Cabaretiers, Maistres de jeu de paume & d'escrime, sur les peines contenües esdites Ordonnances. *Ordonnance de Blois Art.* 38.

Nos sujets de quelque religion qu'ils fassent profession, seront tenus garder & observer les festes indites en l'Eglise catholique & Romaine, & ne pourront és jours d'icelles besogner, vendre ny étaler à boutique ouverte. CHARLES IX. *en Ianvier* 1561 e Decembre 1563 *art.* 14. *& en Aoust* 1570. HENRY III. *en May* 1576. *art* 15. *& en Septembre* 1577. *art.* 13.

FAISONS inhibitions & deffenses à toutes personnes de charier ny mesurer bleds : & à tous Mesureurs de bled, Crocheteurs & Portefaix de faire ouvrage, ou porter faix és jours de dimanches & festes, & autres jours & heures deffendües de l'Eglise, sur peine de punition corporelle. HENRY III. *en* 1581.

Curez

Curez du Vivier & de Puy-laurens , les nommez Granier Curé de Rennes, Rameau, Gaichet, & autres. 9 Que lefdits de Rafiguiéres , de Rennes , d'Hautpoul chanoine, du Vila, & autres fe pourvoyront pardevant ledit fieur Evefque pour obtenir l'abfolution de l'excommunication , & levée des interdits , chacun à leur egard , & en cas de refus fe retireront par devers le Metropolitain. 10 ORDONNE fa Majefté qu'à l'avenir les abfolutions à cautele ne pourront eftre octroyées que par les formes de droit ; & qu'aucunes Cenfures ou Monitoires ne feront decernez par ledit fieur Evefque ou fon Official , finon pour caufes graves, le tout fuivant les Canons, l'Ordonnance d'Orleans, & la Declarttion de fa Majefté du mois de Mars dernier. 11 A SA MAJESTE' déchargé & décharge ledit fieur Evefque & lefdits Curez des dépens portez par lefdits Arrefts & Exe. cutoires dudit Parlement; mefme ledit fieur Evefque de ceux obtenus par ledit Luga, nonobftant & fans avoir egard aux letres de refcifion par luy obtenües : 12 avec deffenfes de troubler lefdits Curez dans la perception des fruits de leurs Cures leur faifant fa Majefté main levée des faifies fur eux faittes , & les fequeftres établis en vertu defdits Arrefts dudit Parlement de Thouloufe déchargez.

13 Et à l'egard de l'appellation comme d'abus relevée audit Confeil par ledit fieur Evefque d'Alet & ledit Promoteur en l'affaire dud. Vila Pomenc. SA MAJESTE' a auffi mis & met les parties hors de cour & de procez fans depens; & à déchargé ledit Promoteur des vingt-quatre efcus d'efpices, efquels il eft condamné par la fentence du 11. Septembre 1662. fauf audit du Vila de fe retirer par devers ledit fieur Evefque d'Alet pour luy eftre pourvû tant fur l'interdit, que pour obtenir un Confeffeur de fon diocefe non fufpect pour fatisfaire à fon devoir Pafcal , & en cas de refus par ledit fieur Evefque de luy accorder ledit Confeffeur, permis à luy de fe pourvoir pour l'obtenir, par devers & à qui de droit il appartient.

14 Et faifant droit fur l'appel comme d'abus relevé au Confeil par ledit fieur Evefque d'Alet & ledit Promoteur en l'affaire des freres Hilarion Lavaur, Neblon & de Vaux Auguftins de Caudiez; 15 SA MAJESTE' a Ordonné & Ordonne conformement aux Canons & en execution d'iceux ; que lefdits Auguftins & autres Reguliers ne pourrôt s'ingerer d'écouter les confeffions, ny prefcher dans les eglifes dudit diocefe d'Alet qui ne font pas de leur ordre, fans en avoir obtenu la permiffion dudit fieur Evefque : & qu'ils ne pourront

---

Notes marginales :

rens , de Rennes & de S. Paul , mis à neant.

9 Les fieurs de Rafiguiéres , de Rennes , d'Hautpoul chanoine, du Vila & autres, renvoyez pardevant M. l'Evefque d'Alet pour obtenir de luy l'abfolution des cenfures contre eux laxées.

10 Les abfolutions à cautele ne feront données que felon les Canons, c'eft à dire par les Superieurs dans l'ordre de la hierarchie, & n'auront autre effet que fuivant la declaration de fa Majefté , fur le cahier du Clergé.

11 M. l'Evefque d'Alet & les Curez du Vivier , de Puy-laurens, de S. Paul de Rennes & autres dechargez des dépens portez par lefdits Arrefts & Exec_utoires decernez en confequence.

12 Main levée des faifies faittes en confequence defdits Arrefts.

13 La fentence donnée par le fieur Vilars Lieutenant en l'Officialité de Narbonne le 11. Septembre 1664. en faveur du fieur du Vila mife au neant.

14 La fentence de M. l'Evefque de Vabres en faveur des Auguftins de Caudiez mife au neant.

15 Reguliers, mefme mandians, ne peuvent validement entendre les confeffions fans en avoir obtenu la permiffion de l'Evefque. Ne peuvent prefcher dans les eglifes qui ne font pas de leur Ordre, fans en avoir obtenu la permiffion de l'Evefque : ny mefme dans les eglifes de leur Ordre fans s'eftre prefentez en perfonne à l'Evefque pour luy de-

mander fa benedictiõ: ou contre fa volonté.
VIDE Concil. Trid. Seſſ. 23. de Ref. c. 15.
Item Seſſ. 24. de Ref. cap. 4. *Vide bullam* INSCRUTABILI, Greg. XV. anni 1622. Nonis Febr.

16 Capucins ſe doivent preſenter avec reſpect à M. d'Alet pour luy expoſer leurs beſoins, & ne peuvent faire la queſte ſans en avoir obtenu permiſſion.

17 Le ſieur Julien Curé de Quillan debouté de ſon appel comme d'abus à l'egard du ſieur Eymére.

18 Ledit Sᵗ Eymére declaré innocent des crimes à luy impoſez.

19 Le ſieur Julien tenu d'avoir le nombre de Preſtres neceſſaires pour le ſervice de l'Egliſe & annexes de Quillan, Gignolles & Belbiannes, à chacun deſquels il donnera 180. livres de retribution.

20 Fruits des benefices affectez par preference au payement du ſervice.

21 Sentence de liquidation des retributions deües par le paſſé confirmée, avec injõction au Seneſchal de Limoux & aux Conſuls de Quillan de tenir la main à l'execution.

22 Sentence du Seneſchal de Limoux du 29. Octob. 1663. ſur l'execution des Ordonnances de viſite pour les reparations & ornemens deſdites egliſes confirmée, avec deffenſes audit Julien de ſe plus pourvoir pour raiſon de ce.

23 Sentence de l'Official d'Alet portant declaration de ſuſpenſe & irregularité

preſcher dans les egliſes de leur ordre, ſans s'eſtre preſentez en perſonne audit ſieur Eveſque pour luy demander ſa benediction; auſquelles egliſes de leur ordre ils ne pourront meſme preſcher contre ſa volonté.

16 Et faiſant droit ſur la requeſte des Capucins des dioceſes voiſins de celuy d'Alet, SA MAJESTE' Ordonne qu'ils ſeront tenus ſe preſenter avec reſpect audit Sᵗ Eveſque pour luy faire connoiſtre leurs beſoins, & ſuivant ſadite declaration, il leur donnera la permiſſion de queſter, ſans neanmoins que leſdits Capucins puiſſent s'ingerer dans les affaires & conduite dudit dioceſe en quelque ſorte & maniere que ce puiſſe eſtre, & ſans qu'ils puiſſent faire ladite queſte ſans avoir obtenu ladite permiſſion.

17 Quant à l'appellation comme d'abus interjettée par ledit Julien de la ſentence de l'Officialité d'Alet du 1. Septembre 1664. SA MAJESTE' a mis & met les parties hors de cour & de procez; 18 & a dechargé & decharge ledit Eymére de l'accuſation contre luy intentée, declare ſon empriſonnement nul, Ordonne qu'il ſera élargi purement & ſimplement deſdites priſons, que ſon écroüe ſera rayé & biffé. 19 Que ledit Julien ſera tenu d'avoir le nombre de Preſtres qu'il eſt obligé pour faire le ſervice des egliſe & annexes de Quillan, Gignolles & Belbiannes, & qu'à cet effet ſeront priſes par preference ſur les 20 fruits de ladite Cure les retributions à raiſon de cent quatre-vingt livres par an, qui ſeront données à chacun deſdits Preſtres qui deſerviront leſdites egliſe & annexes de Quillan, Gignolles & Belbiannes: 21 & pour ce qui concerne les retributions du paſſé la liquidation faitte le 8. May dernier par le Commiſſaire deputé par l'Arreſt du Conſeil du 15. Janvier auſſy dernier, ſera executée ſelon ſa forme & teneur: Enjoint ſa Majeſté au Seneſchal de Limoux & aux Conſuls de Quillan d'y tenir la main. 22 ORDONNE en outre, ſans s'arreſter à l'appel interjetté par ledit Julien de la ſentence du Seneſchal de Limoux du 29. Octobre 1663. touchant les reparations & ornemens deſdites egliſes, que ladite ſentence ſera executée, faiſant ſa Majeſté deffenſes audit Julien de ſe plus pourvoir pour raiſon de ce. 23 Et à l'egard de la ſuſpenſion portée par la ſentence de l'Official d'Alet dudit jour premier Septembre 1664. dont ledit Julien eſt appellant comme d'abus, ſa Majeſté a mis ſur ledit appel les parties hors de cour & de procez, ſauf audit Julien de ſe retirer pour raiſon de la levée de la ſuſpenſe, & diſpenſe de l'irregularité, pardevant & à qui de droit il appartient.

contre ledit ſieur Julien, confirmée.

24 SA MAJESTE' a evoqué & evoque à soy & à sondit Conseil tous les procez & differens civils & criminels, mûs & à mouvoir, où ledit sieur Evesque d'Alet, ses Officiers & domestiques, & ledit Promoteur ont & auront interest, & iceux, circonstances & dependances, mesme la requeste du 14. May dernier touchant le fonds des places pour bastir les eglises dudit diocese, a renvoyé & renvoye en la premiere Chambre des Enquestes dudit Parlement de Thouloufe, à laquelle sa Majesté en attribue toute cour, jurisdiction, & connoissance, icelle interdisant à tous autres juges.

> 24 Evocation de tous les procez & differens où le sieur Evesque d'Alet & ses Officiers ont ou auront interest, & renvoy en la 1re Chambre des Enquestes du Parlement de Thouloufe.

25 Fait sa Majesté deffenses aux Gentilshommes dudit diocese d'Alet, & à tous autres de se pourvoir à l'avenir contre leurs Evesque & Curez par la voye du syndicat, sauf aux particuliers de se pourvoir en cas de sujet de plainte, par appel simple ou par appel comme d'abus ainsi qu'il appartiendra.

> 25 Syndicat des Gentilshommes cassé, & deffenses à eux de se pourvoir à l'avenir par la voye de semblable syndicat.

26 Et avant faire droit sur le changemět de la tenüe de l'Assiette en la ville d'Alet, SA MAJESTE' a renvoyé & renvoye aux Commissaires presidens aux prochains Estats & à l'assemblée desdits Estats de ladite province de Languedoc pour donner leurs avis, & iceluy vû & rapporté y estre pourvû par sa Majesté.

> 26 Renvoy aux Presidens pour sa Majesté aux prochains Estats, & à l'assemblée desdits Estats de Languedoc pour donner leur avis sur la reünion demandée des Assiettes d'Alet & Limoux.

27 ORDONNE en outre sa Majesté que ledit sieur Evesque d'Alet ne pourra traitter & connoistre dans sa Congregation d'aucune affaire contentieuse, par citation ou autrement, mais seulement en son Officialité, laquelle il pourra luy mesme tenir, conformement à la Declaration de sa Majesté du mois de Mars dernier.

> 27 Les Evesques ne peuvent connoistre dans leur Congregation que des affaires ecclesiastiques qui se peuvět terminer sommairement *de plano*; & pour les affaires contentieuses, elles doivent estre jugées en l'Officialité qu'ils peuvent tenir eux mêmes.

28 Quant aux droits honnorifiques, SA MAJESTE' Ordonne que les Patrons fondateurs des eglises, Seigneurs hauts justiciers, & autres joüiront pleinement & paisiblement des droits, honneurs & prerogatives, comme lytres, sepultures, & autres semblables qui leur appartiennent legitimement, en vertu des concessions particulieres de l'Eglise, des Ordonnances, & des Arrests & reglemens des Cours souveraines, avec deffenses à toutes personnes de les troubler en la possession & joüissance desdits droits honnorifiques.

> 28 Gentilshommes maintenus dans les droits honnorifiques qui leur appartiennent legitimement.

29 Comme aussy ORDONNE sa Majesté conformement & en execution des Canons & suivant la declaration dudit sieur Evesque d'Alet & du Promoteur de son diocese, que les interdits ne seront decernez contre les particuliers que pour des cas graves & scandaleux, ou specialement ordonnez par l'Eglise, & selon les formes canoniques & par écrit; 3° & que lesdits interdits ne pourront estre denoncez par les Curez

> 29 Interdits ne doivent estre decernez contre les particuliers que pour des cas graves & scandaleux, ou specialement ordonnez par l'Eglise. *Voir la requeste cy-dessus du 23. Iuin art. I. qui est ce qui est appellé dans cét Arrest*, Declaration de M.d'Alet.
>
> 30 Les Curez ne peuvent interdire personne de leur chef

ſans un ordre exprés de l'Eveſque, & ſont tenus de bailler copie dudit ordre & de la declaration d'interdit faitte en conſequence.

31 Deffenſes à toutes perſonnes de faire des actes de ſommations aux Curez & Confeſſeurs dans les egliſes, &c.

32 Penitences publiques pour de grands pechez publics & ſcandaleux. *Voir la declaration du Promoteur dans ſa requeſte ſur cet art. comme ſur les autres.*

33 Les Confeſſeurs n'ont autre voye pour obliger les penitens à accepter la penitence publique que le refus des ſacremens.

34 Les Confeſſeurs ne pourront refuſer l'abſolution que ſelon les regles de l'Egliſe. a *Voir le 2. article de la requeſte du Promoteur cy-deſſus.*

35 Les Curez doivent ſe rendre faciles à accorder à leurs parroiſſiens la permiſſion de s'aller confeſſer à d'autres Confeſſeurs du dioceſe, pourvû qu'ils ayent la pieté & la capacité neceſſaires pour les aider à faire une bonne confeſſion.

ſans un ordre exprés dudit ſieur Eveſque; deſquels interdits leſdits Curez & Vicaires ſeront tenus de donner copie.

31 Fait SA MAJESTE´ défenſes à toutes perſonnes de quelque qualité & condition qu'elles ſoient de faire dans le confeſſional, ny meſme dans l'egliſe, auſdits Curez, Vicaires, & Confeſſeurs, aucun acte de ſommation de les écouter à confeſſion, de leur accorder l'abſolution, ou de dire les cauſes de leur refus; & à tous notaires, huiſſiers & ſergens de faire de telles ſommations dans l'egliſe, à peine de cinquante livres d'amende pour la premiere fois, & de ſix mois d'interdiction pour la ſeconde.

32 Ordonne SA MAJESTE´ ſuivant les ordres de l'Egliſe & ladite declaration dudit ſieur Eveſque d'Alet, du Syndic du Clergé & Promoteur de ſon dioceſe portée par ſa requeſte du 23. Juin dernier, & en execution des Canons, que ledit ſieur Eveſque, ſes Curez, Vicaires & autres Confeſſeurs n'impoſeront des penitences publiques que pour de grands pechez publics & ſcandaleux; 33 & que leſdits Confeſſeurs ne pourront contraindre les penitens par citation ou jugement, d'accepter leſdites penitences publiques. Comme auſſy qu'ils ne pourront refuſer d'écouter les confeſſions de ceux qui ſe preſenteront à eux, ny refuſer 34 l'abſolutiõ pour de pretẽdus pechez qui ne ſont pas notoires & manifeſtes, & du fait deſquels les penitens ne conviennent pas; autrement leſdits penitens ſe pourront pourvoir pardevant ledit ſieur Eveſque, lequel ſuivant ſadite declaration ne pourra leur refuſer la liberté d'aller à un autre Confeſſeur de ſon dioceſe qui ne leur ſera point ſuſpect: ſauf aux penitens en cas de refus par ledit ſieur Eveſque de ſe pourvoir pour obtenir ledit Confeſſeur non ſuſpect dudit dioceſe, par devers & à qui de droit il appartient.

35 ORDONNE en outre ſa Majeſté ſuivant ladite declaration dudit ſieur Eveſque & Promoteur, & en execution des Canons, que les Curez dudit dioceſe d'Alet ſeront tenus d'accorder facilement à leurs parroiſſiens la permiſſion d'aller ſe confeſſer à d'autres Confeſſeurs dudit dioceſe, qui auront la pieté & la capacité neceſſaires pour leur aider à faire une bonne confeſſion; & en cas que les Curez y fiſſent difficulté, leſdits parroiſſiens pourront recourir audit ſieur Eveſque, qui ſera tenu de leur donner ſuivant ſadite declaration, le choix d'un nombre conſiderable de Confeſſeurs dudit dioceſe dont ils n'auront pas ſujet de ſe plaindre, & pour qui ils ne témoigneront point de repugnance; & en cas de refus par

ledit fieur Evefque, pourront fe pourvoir par devers & à qui
de droit il appartient.

36 Et quant aux confeffions faittes durant le cours de l'année
hors dudit diocefe , mefme à des Reguliers non approuvez
dudit fieur Evefque d'Alet , fuivant la declaration d'iceluy &
l'ufage de toute l'Eglife, lefdites confeffions qui fe font de
bonne foy hors ledit diocefe ne feront point reïterées , mais
feulemēt celles qui fe feront ª IN FRAUDEM, DEDITA OPERA.

36 Confeffions fai-
tes hors du diocefe en
fraude nulles.

ª La requefte cy-deffus
du Promoteur art. 8.
explique ce qu'on doit
entendre par confeffions
faites en fraude.

37 Ordōne SA MAJESTE´ que ledit Sᵗ Archevefque de Narbonne ne pourra établir un Official particulier pour les affaires dudit diocefe d'Alet, qui feront à l'avenir traittées pardevant l'Official Metropolitain qui connoift des caufes de
tous les autres diocefes fuffragans de la Metropole dudit Ar-
chevefché ; fauf en cas de recufation par aucunes des parties,
y eftre pourvû par ledit fieur Archevefque ainfi qu'il appartiendra par raifon.

37 Les Archevef-
ques ne peuvent éta-
blir un Official me-
tropolitain pour un
diocefe particulier ;
mais ils peuvent dans
le cas de la recufation
commettre une per-
fonne pour adminif-
trer la juftice aux par-
ties.

38 Et fur le furplus de toutes les demandes & plaintes des
Parties ; SA MAJESTE´ pour nourrir la paix & entretenir une
bonne correfpondance & union dans le diocefe d'Alet, les a
mis hors de cour & de procez fans dépens, dommages, & interefts refpectivement pretendus ou adjugez. FAIT AU CON-
SEIL D'ESTAT DU ROY , SA MAJESTE Y ESTANT , tenu à
Fontainebleau le vingt-troifiéme Juillet mille fix cens
foixante fix. Signé, LE TELLIER.

38 Les Parties de-
nommées en l'Arreft
mifes hors de cour fur
toutes leurs autres de-
mandes & plaintes,
pour conferver l'u-
nion & la paix au-
dit diocefe.

LOüis PAR LA GRACE DE DIEU ROY DE FRANCE ET DE
NAVARRE : Au premier noftre Huiffier ou Sergent fur
ce requis. Nous te mandons & commandons par ces prefen-
tes fignées de noftre main , que l'Arreft ce jourd'huy donné
en noftre Confeil d'Eftat, Nous y eftant, dont l'extrait eft fi
attaché fous le contrefcel de noftre Chancellerie : Tu figni-
fies à tous qu'il appartiendra, afin qu'ils n'en pretendent caufe d'ignorance ; & faffes au furplus pour l'execution d'iceluy
à la requefte du fieur Evefque d'Alet, du Syndic du diocefe
dudit Alet, & de Meffire Vincent Ragot Promoteur dudit
diocefe, tous exploits & autres actes neceffaires. De ce faire
te donnons pouvoir, fans pour ce demander autre congé ny
permiffion. Car tel eft noftre plaifir : DONNE´ à Fontainebleau le vingt-troifiéme jour de Juillet, l'an de grace mille
fix cens foixante-fix, & de noftre regne le vingt-quatriéme.
Signé , LOVIS. Et plus bas , par le Roy , LE TELLIER.
avec paraphe ; & fcellé du grand fceau de cire jaune fur fim-
ple queüe.